AF591459

GENEVIÈVE

DE BRABANT,

MÉLODRAME EN QUATRE ACTES,

PAR

MM. Anicet Bourgeois et Valory,

MUSIQUE DE M. HOSTIÉ, DÉCORS DE MM. DEVOIR ET POURCHET,
COSTUMES DE M. ALBERT.

REPRÉSENTÉ POUR LA PREMIÈRE FOIS A PARIS, SUR LE THÉATRE DES FOLIES-DRAMATIQUES, LE 23 JUIN 1838.

PARIS.
MARCHANT, EDITEUR,
12, BOULEVART SAINT-MARTIN.

1838

PERSONNAGES.	*ACTEURS.*
HENRI, duc de Brabant	M. Lajariette.
ARTHUR, comte de Hainault	M. Saint-Mar.
EDGAR, frère bâtard de Henri	M. Jules Juteau.
VANDER, majordome du duc Henri	M. Neuville.
LE SIRE DE QUIÉVRAIN	M. Ferdinand.
JACOB, capitaine des hommes d'armes du duc	M. Belmont.
STEVEN, filleul de Vander, soldat du duc	M. Palaiseau.
ROBERT, écuyer du comte de Hainault	M. Caylus.
GENEVIÈVE DE COURTRAY, duchesse de Brabant	Mlle C. Vanderwal.
MARGUERITE, fille de Vander, sa fille d'honneur	Mlle A. Amant.
SARA, sa dame d'honneur	Mlle A. Anastasie.
OLIVIER, premier page du duc	Mlle Laure Laprée.
DEUXIÈME PAGE parlant	Mlle Adèle P.
UN HOMME D'ARMES du comte de Hainault	M. Charles C.

Dames d'honneur de la duchesse, Pages, Hommes d'armes du duc, Hommes d'armes du comte, Chevaliers et Barons, Hommes du peuple.

La scène est à Bruges et dans les environs.

Imprimerie de Mme Ve Dondey-Dupré, rue Saint-Louis, 46, au Marais.

GENEVIÈVE DE BRABANT,

MÉLODRAME EN QUATRE ACTES.

ACTE PREMIER.

Une cour intérieure du château du duc de Brabant : à droite, un perron conduisant à la partie du château habitée par la duchesse ; à gauche, au premier plan, une tourelle abandonnée, un peu plus loin, du même côté, une vieille chapelle ; le fond est fermé par des remparts crénelés, au-delà desquels on aperçoit la campagne. Il fait à peine jour.

SCÈNE PREMIÈRE.

EDGAR, MARGUERITE.

Marguerite sort de la chapelle avec Edgar qui la suit.

EDGAR.

Encore un moment, Marguerite, le jour commence à peine.

MARGUERITE.

Edgar, soyez prudent ; j'ai entendu résonner sur les remparts les pas des hommes d'armes ; si vous tardez encore, les rayons du soleil éclaireront la route secrète et périlleuse que vous avez prise pour arriver jusqu'à moi, les sentinelles vous apercevront, et si vous êtes arrêté...

EDGAR.

La mort m'attend... oui, je sais l'arrêt qu'a porté contre moi l'assemblée de Bruges ; je sais que la politique ferait un devoir à mon frère d'exécuter la sentence... Indigné du sort obscur auquel m'avait condamné ma naissance, j'ai pensé que l'illustre sang des ducs de Brabant qui coule dans mes veines avait dû anoblir le sang de ma mère, pauvre fille du peuple qui avait eu foi dans l'amour et les sermens de son seigneur et maître ; j'ai demandé, les armes à la main, ma part de l'héritage de mon père ; mais la fortune a trahi mon courage... vainqueur, j'eusse été fait comte, j'eusse régné avec mon frère, car je ne voulais que la moitié de sa puissance ; vaincu, j'ai été déclaré sujet rebelle, et je ne suis plus qu'Edgar le bâtard, Edgar le proscrit... je n'ai plus rien, rien que ton amour, ô ma chère Marguerite, et cet amour, tout mon espoir, tout mon bien, me fait encore supporter la vie... Avant d'aller attendre des jours meilleurs sur un sol étranger, j'ai voulu te revoir, j'ai voulu t'entendre me dire encore : Mon Edgar, toujours à toi, jamais qu'à toi !

MARGUERITE.

Et ce serment de n'être pas à un autre, je te l'ai fait dans l'antique chapelle de ce château, je te l'ai fait devant l'image de madame Marie, qui bénira notre amour, car elle sait que cet amour est resté pur. Mais, par pitié, par grâce, Edgar, ne différez pas davantage... partez, partez...

EDGAR.

Un dernier regard, un dernier baiser... songe que cet adieu est peut-être éternel...

MARGUERITE.

Oh! ne dis pas cela, mon Edgar, ne dis pas cela... viens, je vais t'aider à descendre dans le premier fossé...

Elle va au fond.

EDGAR.

Quelques pierres que le temps a descellées, les débris des chaînes d'un pont-levis brisé, rendent ma fuite moins dangereuse, et je vais...

Il remonte le théâtre.

MARGUERITE.

Attends!

EDGAR.

Pourquoi?

MARGUERITE.

Tu as trop tardé... il y a du monde dans le fossé.

EDGAR, *regardant.*

En effet.

MARGUERITE.

Ce sont des ouvriers appelés, sans doute, pour réparer ces vieilles murailles; mon père est avec eux, impossible de fuir de ce côté.

EDGAR.

Il le faut pourtant.

MARGUERITE.

Impossible, te dis-je, ils te tueraient. Attends! Mon Dieu, mon Dieu, inspirez-moi!... là, là, dans cette tourelle... (*elle passe à la droite d'Edgar*) elle est abandonnée, personne n'y entre... Edgar, mon bien-aimé, tu attendras là sans bruit, la fin du jour. Marguerite veillera sur toi, Marguerite te sauvera. Oh! ne me refuse pas, car si tu meurs, Marguerite aussi mourra.

EDGAR.

Je m'abandonne à toi.

MARGUERITE.

Viens, et que Notre-Dame Marie nous protège!

Elle le fait entrer dans la tourelle et y entre avec lui.

SCÈNE II.

VANDER, STEVEN.

STEVEN, *suivant Vander.*

Oui, maître Vander, il faut que je vous parle en particulier.

VANDER.

Eh bien! mon garçon, me voilà prêt à t'écouter; je n'ai pas oublié que tu es le fils de la bonne Mathurine et mon filleul.

STEVEN.

C'est bien là-dessus que j'ai compté, car j'ai une grande faveur à vous demander. Je ne sais pas trop comment vous tourner ça : vous allez vous gausser de moi, bien sûr!

VANDER.

C'est possible; mais va toujours.

STEVEN.

Allons, ça y est... d'ailleurs nous ne sommes que nous deux, et si vous me dites : Steven, tu n'es qu'un imbécile, il n'y a que mes deux oreilles qui l'entendront. Voilà la chose : je suis ambitieux, maître Vander.

VANDER.

Toi?

STEVEN.

Moi-même; et je le suis d'une force!... c'est-à-dire que l'ambition me travaille depuis la plante des pieds jusqu'à la pointe des cheveux... je ne dors plus, je ne mange plus, je n'ai plus de cœur à tailler les pierres ni à tremper le mortier. Les autres disent tous: Ah! Steven est amoureux! ils n'y sont pas du tout... je veux être quelque chose, voilà... n'importe quoi, et je me suis dit : Si je reste manœuvre, je deviendrai maçon, et qu'est-ce que c'est qu'un maçon? c'est rien du tout, j'aimerais mieux être...

VANDER.

Quoi?

STEVEN.

Je ne sais pas, mais autre chose... Alors, je me suis rappelé Jean Hiroux, qu'était un garçon de chez nous, pauvre diable qui, s'il était resté au village, serait devenu sonneur de cloches comme feu son père... c'est encore un état que je méprise beaucoup. Passer sa vie à tirer une grosse ficelle et à plier les jarrets; c'est fort humiliant! Jean Hiroux a été de mon avis, il a planté là les cloches et le village, il s'est fait homme d'armes de monseigneur le duc de Brabant .. voilà un état flatteur! il a une cuirasse qui reluit au soleil comme le plat de notre barbier; de plus un cheval qui marche pour lui, ce qui est encore une grande douceur. Cet exemple m'a monté la tête. Maître Vander, vous êtes le père nourricier de Mme Geneviève de Brabant, vous avez du crédit auprès du duc, vous lui direz : Voilà un garçon qui ferait un bel homme d'armes! il vous croira sur parole, il me prendra, et alors, au lieu de cette vilaine pioche, j'aurai une lance; au lieu de ce bonnet, j'aurai un casque! Enfin, je serai peut-être un héros, un baron! hein? ça sera flatteur pour vous d'avoir un baron pour filleul... et je deviendrai ça... au moins.

VANDER.

Je ne m'attendais pas à te voir une semblable prétention; toi, homme d'armes de monseigneur!

STEVEN.

Pourquoi pas?

VANDER.

Mais Jean Hiroux, dont tu parles, était un garçon taillé pour porter la cuirasse.

STEVEN.

Ah! je vois ce que c'est... vous dites ça parce que je suis petit. Vous me donnerez un plus grand cheval, voilà tout!

SCÈNE III.

MARGUERITE, VANDER, STEVEN.

MARGUERITE, *ouvrant la porte de la tourelle, qu'elle referme vivement en voyant son père.*

Mon père! que dire?

VANDER.

Que faisais-tu donc ici, Marguerite?

MARGUERITE.

Rien... je... j'étais venue respirer l'air du matin, voir le lever du soleil... je n'ai pas pu dormir de toute cette nuit.

STEVEN.

C'est comme moi.

MARGUERITE.

J'étais inquiète, agitée, presque malade.

STEVEN.

C'est encore comme moi.

MARGUERITE.

Oh! mais rassurez-vous, mon bon père, cela va bien, tout-à-fait bien maintenant... Que vient donc vous demander notre ami Steven? par quel hasard au château? la vieille Mathurine serait-elle plus malade!

VANDER.

Mathurine se porte mieux que son fils. Elle, du moins, a toute sa raison. Croirais-tu que cet imbécile-là s'est fourré dans la tête d'être hommes d'armes, chevalier, baron, que sais-je? empereur peut-être?

STEVEN.

Non, non, je me contenterai d'être baron ou duc.

VANDER.

Il veut quitter la mère Mathurine et entrer au service de monseigneur. Mais ne sais-tu pas, pauvre insensé, que le métier de soldat est le plus rude de tous les métiers quand on sert sous la bannière du duc de Brabant?

STEVEN.

Ça m'est égal.

VANDER.

A peine monseigneur a-t-il vaincu l'un de ses ennemis qu'il s'avance contre un autre... point de repos pour ses guerriers, car monseigneur n'en prend pas pour lui-même.

STEVEN.

Vous voulez m'effrayer; mais je vois ici des hommes d'armes de monseigneur qui passent leur temps à ne rien faire qu'à reluire au soleil.

VANDER.

Les pauvres diables préféreraient un champ de bataille à la garde de ce château; demande à Marguerite... ils sont toujours couverts de leurs armures, toujours prêts à combattre; ici on dort à peine, et la négligence ou l'oubli d'une consigne est puni de mort.

STEVEN.

Hein? vous croyez?...et pourquoi toute cette surveillance? est-ce que monseigneur craint qu'on ne lui prenne ses vieilles pierres?

VANDER.

Ce ne sont pas les pierres de ses remparts qu'il fait garder ainsi, c'est sa femme.

STEVEN.

Sa femme! madame Geneviève?

VANDER.

Hélas! oui, mon ami, monseigneur est jaloux.

STEVEN.

C'est fort désagréable pour madame Geneviève et pour les hommes d'armes! Eh ben! malgré tout ça, maître Vander, je persiste. Quand je devrais passer les trois tiers de ma vie en faction, j'aime encore mieux ça que de tailler des pierres... du haut des remparts, je regarderai travailler les autres dans les fossés... comme je serai au-dessus d'eux!

VANDER.

Tu es décidé?

STEVEN.

Archidécidé.

VANDER.

Tu te repentiras peut-être?

STEVEN.

Ce sera mon affaire.

VANDER.

Eh bien! tu seras soldat.

STEVEN.

Soldat! enfin!

VANDER, *remontant un peu la scène.*

On vient.

MARGUERITE.

C'est ma maîtresse.

SCÈNE IV.

STEVEN, VANDER, GENEVIÈVE, MARGUERITE.

GENEVIÈVE, *arrivant par le perron à droite.*

Bonjour, bonjour, mes amis! (*Remettant un parchemin scellé à Vander.*) Vander, fais au plus vite parvenir cette lettre à mon noble époux c'est la réponse à son message d'hier.

VANDER.

Oui, madame... Quelle tristesse! quelle pâleur!

GENEVIÈVE.

Pourquoi le remarques-tu, mon vieil ami?... souffrir et pleurer, n'est-ce pas ma vie, à présent?.. Vander, ce message est pressé.

VANDER.

Je vais le remettre au page, qui l'attend sans doute. Allons, viens, Steven, nous allons chercher une armure à ta taille.

STEVEN, *s'en allant.*

Vous en trouverez, maître Vander, tous les grands hommes n'ont pas six pieds.

Il sort avec Vander par la droite.

SCÈNE V.

GENEVIÈVE, MARGUERITE.

MARGUERITE.

Ma chère maîtresse, j'ai su par le jeune page envoyé par monseigneur que la guerre avec le duc de Gueldre était terminée. Plus heureux que son allié, le comte de Hainault, il a obtenu grâce et merci du vainqueur, tandis que le malheureux comte, chassé de ses états, n'a pu conserver que son épée et quelques chevaliers restés fidèles à son infortune.

GENEVIÈVE.

Quelque malheureux que puisse être le comte de Hainault, il ne trouvera aucune pitié dans le cœur de Geneviève. N'est-il pas l'auteur de tous mes maux?

MARGUERITE.

Lui?

GENEVIÈVE.

Ton père ne t'a-t-il donc pas appris...?

MARGUERITE.

Les secrets confiés à mon père restent des secrets même pour sa fille.

GENEVIÈVE.

Je te voyais heureuse, Marguerite, et je ne voulais pas troubler ta gaîté par le récit de mes chagrins; mais le retour prochain du duc de Brabant, la crainte que ce retour m'inspire, le besoin d'avoir un cœur qui comprenne le mien, une main amie qui puisse en secret essuyer mes larmes, tout cela te vaudra une bien triste confidence; je te l'épargnerais encore si je ne savais pas bien que tu m'aimes comme tu aurais aimé une sœur.

MARGUERITE.

Oh! oui, madame; mon père ne vous chérit-il pas à l'égal de sa fille? Parlez, parlez: après vous avoir entendue, la pauvre Marguerite vous ouvrira son cœur; à son tour, elle vous apprendra que le sourire qui était sur ses lèvres était un mensonge, et que le bonheur s'est aussi éloigné d'elle.

GENEVIÈVE.

Comment?

MARGUERITE.

Vous saurez tout; mais parlez, parlez, je vous en conjure.

GENEVIÈVE.

Si jeune! et déjà malheureuse! Oh! mais tes chagrins seront ceux d'un moment; comme les miens, ils ne doivent pas ne finir qu'avec ta vie.

MARGUERITE.

Qu'entends-je?

GENEVIÈVE.

Être aimée de celui que Dieu et les hommes vous ont donné pour époux l'adorer de toutes les forces de son âme, c'est le bonheur, n'est-ce pas? Eh bien! j'aime le duc de Brabant, j'ai tout son amour, et notre sort ferait pitié à notre plus mortel ennemi lui-même. Entre mon époux et moi, un fantôme s'est dressé, qui flétrit le passé, empoisonne le présent et détruit l'avenir, c'est le démon de la jalousie.

MARGUERITE.

La jalousie!

GENEVIÈVE.

Puisses-tu ne connaître jamais cette funeste passion! Puisse le ciel te donner un époux qui croie en ton amour et en ta foi!... Tu étais enfant encore, lorsqu'il y a trois ans, le duc de Brabant fit demander ma main au comte de Courtray, mon père. L'alliance était honorable et belle, mon cœur était libre, je consentis. Le duc ne voulut pas m'être présenté, il proposa à mon père d'ouvrir un tournoi et d'y appeler tous les seigneurs flamands et brabançons. Comme il lui semblait qu'il me distinguerait au milieu de toutes les dames de ma cour, sans m'avoir jamais vue, il espérait que je le devinerais au milieu des brillans chevaliers conviés à cette fête. Folle pensée! Le tournoi commença; jamais pareil spectacle n'avait frappé mes regards. Pour plaire au duc de Brabant, mon père consentit à me laisser confondue au milieu de toutes mes dames, et rien dans ma parure n'annonçait en moi la reine de la fête; pourtant le duc de Brabant ne se trompa point, son page vint droit à moi pour m'offrir un bracelet enrichi de diamans et qui portait mon chiffre. A mon tour, je voulus deviner. Parmi tous les chevaliers qui couraient dans la lice, un surtout frappa mes yeux; il avait brisé sur son bouclier toutes les lances de ses adversaires, il était sorti vainqueur de toutes les joutes, son armure était la plus brillante, son coursier le plus beau; je m'écriai : Voilà le duc de Brabant! et je lui envoyai mon écharpe en échange du bracelet. Le chevalier leva la visière de son casque; c'était...

MARGUERITE.

C'était?...

GENEVIÈVE.

Le comte de Hainault. Le duc, qu'on s'empressa alors de me présenter, sourit le premier de cette fatale méprise; mais il avait été blessé au cœur. Le comte de Hainault, en chevalier déloyal, se vanta publiquement d'une erreur toute involontaire. J'avais précédemment refusé sa main, il se vengea cruellement: «La politique seule, disait-il, s'était opposée à une union que nos deux cœurs désiraient.» Ces paroles imprudentes et perfides furent répétées au duc, mon époux; et de ce moment mon existence ne fut plus qu'un continuel supplice.

SCÈNE VI.

GENEVIÈVE, VANDER, MARGUERITE.

VANDER, *un peu en arrière.*

Madame la duchesse, un religieux vient d'entrer au château, et sollicite la faveur d'être admis en votre présence.

GENEVIÈVE.

Qu'il vienne.

Vander fait signe d'approcher au religieux qu'on ne voit point encore.

MARGUERITE.

Vous recevrez ce religieux ici, madame?

GENEVIÈVE.

Oui; dans mon appartement la chaleur est étouffante.

MARGUERITE, *à part.*

Moi qui avais promis à Edgar...

VANDER.

Le voici.

SCÈNE VII.

MARGUERITE, VANDER, GENEVIÈVE, LE PÈLERIN.

GENEVIÈVE.

Approchez, mon père; dites sans crainte ce que peut pour vous la duchesse de Brabant?

LE PÈLERIN.

Noble dame, c'est à vous seule...

GENEVIÈVE.

Laissez-moi, mes amis.

VANDER.

Oui, madame. Allons, viens, Marguerite.

MARGUERITE, *en s'en allant et à part.*

O mon Dieu! veillez sur mon pauvre Edgar.

Ils sortent tous deux par la droite.

SCÈNE VIII.

GENEVIÈVE, LE PÈLERIN.

GENEVIÈVE.

Nous sommes seuls, parlez, mon père.

LE PÈLERIN.

Madame, le premier appel que je doive faire à votre pitié est en faveur des pauvres soldats qui combattent en ce moment pour la délivrance du Saint-Sépulcre.

GENEVIÈVE.

Nos frères de la Terre-Sainte ont droit à tout notre intérêt; vous ne m'aurez pas vainement implorée pour eux.

LE PÈLERIN.

Puissé-je accomplir aussi heureusement ma mission tout entière!

GENEVIÈVE.

Je vous écoute, mon père.

LE PÈLERIN.

Il y a quelques jours, je reçus l'hospitalité dans un vieux château du comté de Flandre; à peine avais-je pris place au foyer qu'on me pria d'aller offrir les secours de la religion à un pauvre mourant. J'entrai dans une salle où gisait un noble chevalier; je m'approchai de son lit; mais il me repoussa en me disant : « Vous ne pourrez rien non plus, mon père, laissez-moi mourir comme un maudit. » Je l'engageai doucement à prier avec moi. « Prier! non, mon père, Dieu sera sourd à ma voix, Dieu doit être sans pitié pour moi, car j'ai été sans pitié pour elle! Pour me venger de son indifférence, je l'ai calomniée, elle, la plus belle et la plus pure des femmes! » Puis de ses deux mains il frappait son front que brûlait la fièvre, et de grosses larmes coulaient sur ses joues pâles et flétries. « Mon frère, lui criai-je alors, repentez-vous, et Dieu pardonnera. — Pas avant elle! — Eh bien! continuai-je, nommez-moi cette femme, et j'irai, moi, pauvre religieux, j'irai demander grâce pour vous. » Un rayon d'espoir sembla luire alors dans l'âme du mourant, et d'une voix déjà presque éteinte, il me nomma la duchesse de Brabant.

GENEVIÈVE.

Moi, mon père! Le nom, le nom de ce chevalier?

LE PÈLERIN.

Laissez-moi vous dire auparavant les touchantes paroles que dans son délire il vous adressait : « Pitié, madame, pitié, disait-il, pour un malheureux qui croyait que de l'amour se devait payer avec de l'amour! pitié pour celui qui n'a pu, sans des transports de rage, vous voir donner à un autre cette main qu'il aurait achetée au prix de tout son sang; vaincu, dépouillé par son heureux rival, il lui reste à peine un coin de terre pour mourir, un ami pour lui fermer les yeux; n'avez-vous pas été bien vengée? poursuivrez-vous jusqu'au-delà du tombeau celui qui a besoin de votre pardon pour trouver grâce devant Dieu?

GENEVIÈVE.

Je vous ai déjà demandé, mon père, le nom de ce chevalier.

LE PÈLERIN.

Celui dont je prends ici la place, ce malheureux que j'ai laissé attendant de vous son salut ou sa damnation, était autrefois un noble et puissant chevalier, il s'appelait alors Arthur, comte de Hainault.

GENEVIÈVE.

Et c'est lui qui implore la pitié de Geneviève!

LE PÈLERIN.

Il vous demande par ma voix un gage de pardon, un gage qu'il puisse mettre sur son cœur que la mort va glacer. O noble dame! si l'infortuné lutte encore contre l'agonie, c'est qu'il m'attend, c'est qu'il espère...

GENEVIÈVE.

Assez, assez mon père! (*Elle passe à la gauche du pèlerin comme pour se retirer.*) Attendez quelques instans, je vais vous faire remettre tout l'or dont je puis disposer en faveur de nos frères qui combattent en Terre-Sainte.

LE PÈLERIN.

Et pour l'infortuné comte de...

GENEVIÈVE.

N'achevez pas : je ne pourrais entendre prononcer une seconde fois le nom de cet homme.

LE PÈLERIN.

Quoi ! pas un gage, pas un mot de pitié ?

GENEVIÈVE.

Prière pour tous, voilà votre mission sur cette terre ; priez donc pour le coupable, mon père, votre voix arrivera plus sûrement au trône de l'Éternel ; priez, et Dieu pardonnera sans doute.

LE PÈLERIN.

Mais Geneviève ?

GENEVIÈVE.

Geneviève ne pardonne pas !

Elle sortie.

SCÈNE IX.

LE COMTE, *rejetant son capuce.*

Geneviève ne pardonne pas ! Dans ton cœur, comme dans le mien, il n'y a donc plus que de la haine ; mais ce gage que tu m'as si fièrement refusé, je te l'enlèverai par la ruse ou par la force ; car il me faut une preuve à jeter à ton époux, il faut que je puisse lui dire : Ta femme te trompe ! il faut que je me venge enfin. Geneviève, notre lutte touche à son terme, tu dois succomber ; car le comte de Hainault, vaincu, proscrit, dépouillé de ses états, donnera, sans hésiter, sa vie pour sa vengeance ; Geneviève, je t'arracherai du front la couronne de duchesse, je flétrirai ta renommée de chaste épouse, et je tomberai sans regret dans l'abîme, car je t'y entraînerai avec moi. Je ne quitterai plus ce château, je trouverai facilement à me cacher à tous les regards jusqu'à la nuit ; quand elle sera venue, tu me reverras, duchesse de Brabant ; mon poignard m'ouvrira, s'il le faut, un passage jusqu'à ton appartement ; à ton tour, tu me demanderas grâce, et le comte de Hainault te pourra dire alors : Je ne pardonne pas ! On vient ; ne nous éloignons pas de cette terrasse... Une chapelle ! de là je pourrai tout voir, tout entendre ; avec l'habit que je porte, cette retraite me met à l'abri de tout danger. Allons.

Il entre dans la chapelle.

SCÈNE X.

MARGUERITE, *puis* GENEVIÈVE.

MARGUERITE, *très-agitée.*

Edgar, mon pauvre Edgar, que va-t-il devenir ? comment le sauver ? Il me reste une heure à peine. Ah ! il n'y a plus à hésiter, j'avouerai tout à Mme Geneviève, et elle aura pitié de moi. (*Fanfares au dehors.*) O mon Dieu ! serait-ce déjà le duc ? (*Elle court au fond.*) Non ; ce sont les hommes d'armes qui montent à cheval pour aller à sa rencontre, sans doute.

GENEVIÈVE, *paraissant.*

Pourquoi ce bruit, Marguerite ?

MARGUERITE.

Madame, monseigneur le duc arrive ; dans quelques instans il sera près de vous.

GENEVIÈVE.

Dis-tu vrai?

MARGUERITE, *allant au fond.*

Regardez, madame, la garnison tout entière est sous les armes ; un écuyer, couvert de sueur et de poussière, a déclaré ne précéder son maître que d'une heure au plus.

GENEVIÈVE, *appelant.*

Sara! Sara! Olivier! *(Une dame et un page paraissent.)* Sara, préparez mon voile, ma mante ; toi, Olivier, fais seller mon palefroi; nous irons au-devant de monseigneur le duc; il revient, Sara, entends-tu, il revient: hâtez-vous. *(La dame rentre au château; Olivier sort par le fond.)* Tu m'accompagneras aussi, toi, Marguerite!

MARGUERITE.

Moi?

GENEVIÈVE.

Qu'as-tu donc? et pourquoi ce trouble, cette pâleur?

MARGUERITE, *se jetant à ses genoux.*

Pitié, pitié pour moi, ma noble maîtresse!

GENEVIÈVE.

Que fais-tu, Marguerite? à mes genoux! Relève-toi, je le veux.

MARGUERITE.

Madame, tout-à-l'heure je vous ai dit que j'étais aussi bien malheureuse, et maintenant si vous ne venez à mon aide, je n'ai plus qu'à mourir.

GENEVIÈVE.

Mourir! toi!

MARGUERITE.

Oh! oui, madame, car je ne survivrai pas à Edgar!

GENEVIÈVE.

Edgar!

MARGUERITE.

Tout mon secret est dans ce nom.

GENEVIÈVE.

Tu l'aimes?

MARGUERITE.

Oui, madame.

GENEVIÈVE.

Et lui?

MARGUERITE.

Lui, madame, pour me voir une dernière fois, il a tout bravé: il est ici!

GENEVIÈVE.

Ici? le malheureux!

MARGUERITE.

J'espérais, à la faveur de la nuit prochaine, lui faire quitter la retraite que ce matin j'avais crue impénétrable.

GENEVIÈVE.

Où est-il?

MARGUERITE.

Là dans cette tourelle.

GENEVIÈVE.

Elle est abandonnée, et peut-être...

MARGUERITE.

Tout-à-l'heure mon père a donné l'ordre de placer un poste à l'entrée de cette tourelle, de doubler les sentinelles sur les remparts, afin que monseigneur ne les accusât pas de manquer de surveillance.

GENEVIÈVE.

L'imprudent est perdu.

MARGUERITE.

Oui, madame, perdu, si vous n'avez pitié de lui et de moi.

GENEVIÈVE.

Que puis-je? demander sa grâce? Oh! je le ferai.

MARGUERITE.

Vous ne l'obtiendrez pas; le duc lui-même ne peut s'opposer à l'exécution de la sentence que l'assemblée de Bruges a prononcée. Cette nuit, je l'espère, Edgar pourra sortir du château; mais d'ici là il lui faut un asile sacré, inviolable.

GENEVIÈVE.

Et cet asile?

MARGUERITE.

Votre oratoire.

GENEVIÈVE.

Que dis-tu?

MARGUERITE.

Cette retraite seule est impénétrable, et là seulement le malheureux serait à l'abri de toutes les poursuites.

GENEVIÈVE.

Laisser pénétrer un homme chez moi!

MARGUERITE.

Il n'y restera que quelques heures: votre oratoire est d'ailleurs séparé de votre appartement. O ma bonne maîtresse, vous ne me refuserez pas la grâce que je vous demande. Songez qu'Edgar est perdu s'il est découvert; songez que c'est à la mort qu'il a été condamné; songez que je l'aime, madame, que le même coup nous frappera tous les deux; songez enfin que vous épargnerez à votre époux l'affreux devoir d'envoyer son frère à l'échafaud.

GENEVIÈVE.

En effet, ce serait horrible.

OLIVIER, *rentrant.*

Tout est prêt, madame.

MARGUERITE, *bas.*

Que décidez-vous?

GENEVIÈVE, *bas.*

Edgar ne peut mourir par l'ordre de son frère! sauve-le donc.

MARGUERITE.

Ah ! madame !

GENEVIÈVE.

Pour ne pas éveiller de soupçons, accompagne-moi jusque dans la cour d'honneur.

MARGUERITE.

Oui, madame.

GENEVIÈVE.

Olivier, porte cette bourse à maître Vander, et dis-lui de la remettre de ma part au religieux qui m'a été présenté. Recommande à maître Vander de faire sortir ce religieux du château avant l'arrivée du duc. Viens, Marguerite, ne pleure plus, enfant, ton Edgar sera sauvé.

Elle sort ; Marguerite et le page la suivent.

SCÈNE XI.

LE COMTE, *sortant de la chapelle.*

Geneviève, tu me donnes plus que je n'osais espérer : je ne voulais qu'un gage de ton amour, tu te livres à moi tout entière. Hâtons-nous, Marguerite va revenir, et ce ne sera plus son Edgar qu'elle trouvera... la nuit vient encore à mon aide. Allons... mais ce jeune Edgar... il le faut... *(Il va à la tourelle et frappe à la porte.)* Ouvrez, ouvrez sans crainte, je viens au nom de Marguerite.

SCÈNE XII.

EDGAR, LE COMTE.

EDGAR, *en entrant.*

De Marguerite ?

LE COMTE.

Oui, mon beau cavalier, c'est elle qui m'envoie pour vous sauver.

EDGAR.

Comment?

LE COMTE.

Vous allez sortir du château à l'instant même, et sans courir le moindre danger ; pour cela, vous n'avez qu'à prendre cette robe, qui m'a servi pour arriver jusqu'à vous.

EDGAR.

Que dites-vous ?

LE COMTE.

Pas une minute à perdre, le duc arrive.

EDGAR.

Le duc ?

LE COMTE.

Je vais vous donner ma robe, donnez-moi votre manteau, votre chaperon, votre épée.

EDGAR.

Mon épée ?

LE COMTE.

Avec ce costume en avez-vous besoin?

Ils échangent leurs vêtemens.

EDGAR, *remontant la scène et se trouvant à la gauche du comte.*

Quel chemin prendre?

LE COMTE.

Ne vous en occupez pas, on va venir vous chercher. Une fois hors de ce château, que deviendrez-vous?

EDGAR.

Ce qu'il plaira à Dieu.

LE COMTE.

Fort bien! attendez!... à la lisière du bois Saint-André vous trouverez une troupe de cavaliers, allez à ces braves gens sans crainte, remettez-leur ces quelques mots, ils se chargeront alors de vous mettre à l'abri de toute poursuite. (*Il écrit sur des tablettes.*) Du bruit! c'est vous sans doute qu'on vient prendre. Pas d'imprudence... surtout si vous rencontrez Marguerite, ne lui faites aucun signe d'intelligence, on a les yeux sur elle.

EDGAR.

Et vous?

LE COMTE.

Moi, je prends votre place... oh! ne craignez rien, je ne m'appelle pas Edgar, et je ne suis pas proscrit, moi, condamné par l'assemblée de Bruges! allez, allez, et ne songez qu'à vous. Vous irez au bois Saint-André?

EDGAR.

J'irai.

LE COMTE.

Adieu donc!

EDGAR.

Au revoir!

LE COMTE.

Au revoir! (*à part*) pas dans ce monde.

Il entre dans la tourelle, Edgar reste auprès de la chapelle; en ce moment Vander paraît suivi d'Olivier.

SCÈNE XIII.

EDGAR, *en pèlerin*, VANDER, OLIVIER.

VANDER.

Qu'est donc devenu ce religieux? Il n'est ni dans la grande salle ni dans les galeries.

OLIVIER, *le montrant*

Le voilà!

VANDER.

Ah! il sera entré dans la chapelle pour y faire ses dévotions... Mon père...

EDGAR, *reconnaissant Vander.*

Vander!

Il se cache dans son capuchon.

VANDER.

Voici l'offrande de Mme la duchesse; elle regrette de ne pouvoir vous donner l'hospitalité pour cette nuit; j'ai ordre de vous faire reconduire jusqu'à la dernière enceinte du château. Olivier, charge-toi de ce soin, j'aperçois là-bas Jacob qui pose ses sentinelles, et je veux m'assurer moi-même qu'aucune porte n'est oubliée... Allez donc, mon père, et que Dieu vous garde!

EDGAR, *bas.*

Allons, je ne la verrai plus peut-être.

Il s'incline et sort précédé d'Olivier.

SCÈNE XIV.

STEVEN, JACOB, VANDER.

STEVEN, *entrant couvert d'une lourde armure et portant une longue hallebarde et un grand sabre.*

Ouf! que c'est lourd!

JACOB.

On ne parle pas sous les armes.

STEVEN.

C'est convenu... j'ai les reins abimés.

VANDER.

Eh bien! Jacob?

JACOB.

Toutes les sentinelles sont posées; seulement, suivant votre ordre, je viens d'en placer une devant la vieille tourelle.

VANDER.

Et qui as-tu désigné pour ce poste?

JACOB.

Tous mes hommes sont à cheval pour recevoir monseigneur; force m'a donc été d'employer tout de suite notre nouvelle recrue.

VANDER.

Steven?

STEVEN.

Présent!... Dieu! que c'est lourd!

JACOB.

Silence!

STEVEN.

C'est juste.

VANDER.

Eh bien! Steven, que dis-tu de ton nouvel état?

STEVEN.

Ma foi! maître Vander, je commence à croire qu'il a ses désagrémens. J'ai un casque, c'est vrai; mais il est trop étroit, et il me semble que je suis coiffé d'un étau; j'ai une cuirasse, mais elle est trop large, elle me coupe les reins; avec ça qu'elle pèse plus que moi, j'en suis sûr. De plus, on m'a emboîté les cuisses et les jambes dans une culotte de fer qui ne prête pas du tout... Si encore il faisait du soleil, je reluirais, et ça me consolerait; mais on me place en faction par un temps à n'y rien voir; je suis là comme dans une bouteille d'encre... mais c'est égal, il fera jour demain, et... Dieu! que c'est lourd!

JACOB.

Écoute attentivement ta consigne. Tu ne dois ouvrir la bouche que pour dire: Qui vive! ou appeler aux armes.

STEVEN.

Ça n'est pas long!

JACOB.

Il y a peine de mort pour le soldat qui abandonne son poste.

STEVEN.

Bon!

JACOB.

Peine de mort pour celui qui laisserait pénétrer qui que ce soit dans cette partie du château.

STEVEN.

Bon.

JACOB.

Peine de mort pour celui qui, se voyant surpris, rendrait ses armes sans se défendre.

STEVEN.

Bon.

JACOB.

Enfin, peine de mort contre celui qui ne donnera pas l'alarme.

STEVEN.

Bon... Est-ce tout?

JACOB.

Oui, tout.

STEVEN.

Merci.

JACOB.

Maintenant, maître Vander, vous pouvez commencer votre ronde.

Il remonte le théâtre.

VANDER, *allant à Steven.*

Steven, n'oublie pas ta consigne... au revoir.

Il sort avec Jacob.

SCÈNE XV.

STEVEN, *seul.*

Peine de mort, peine de mort, peine de mort! ça ne varie pas... Je commence à croire que maître Vander avait raison, et que j'ai fait une sottise; c'est ce diable de Jean Hiroux qui est cause de... je voudrais bien lui voir ma cuirasse sur le dos par-dessus la sienne, à Jean Hiroux... Et y disent qu'on monte à cheval avec toute cette ferraille-là; je plains l'animal qui me portera, pauvre bête! je ne voudrais pas être à sa place... Fait-il noir!... ça n'est pas bien gai au moins le métier que je fais là; ne pas quitter son poste, je le comprends, mais ne pas pouvoir rire et chanter un brin pour se distraire... enfin, il y a peine de mort... mais on peut crier: Qui vive! je vas dire ça toute la nuit... Oh! ma cuirasse me fera passer de bien vilains momens; si je pouvais l'appuyer sur quelque chose, ça me soulagerait un peu les reins et les épaules... je dois les avoir dans un état... essayons... (*Il pose son épée de manière qu'elle puisse supporter en partie le poids de sa cuirasse.*) Ah! je suis encore mal, mais je suis infiniment mieux... pourvu qu'on ne vienne pas me déranger!

SCÈNE XVI.

STEVEN, MARGUERITE.

MARGUERITE.

Mme Geneviève est partie, et je puis délivrer mon pauvre prisonnier. (*Apercevant Steven.*) Ciel! il est trop tard, on a déjà posé la sentinelle!

STEVEN.

Je ne sais pas si c'est un effet de mon casque, mais les oreilles me bourdonnent... j'ai comme des étourdissemens; si j'allais me trouver mal... il y a peut-être aussi peine de mort pour ceux qui s'évanouissent... hum! hum! il faut secouer ça, mon ami Steven, faut secouer ça... hum! hum! (*Il se remue.*) Ah! bon, v'là ma cuirasse qui me retombe sur les reins.

MARGUERITE, *un peu au fond.*

Il faut à tout prix qu'Edgar gagne l'oratoire... mais comment tromper la surveillance de ce soldat?

STEVEN.

Ah çà! mais je vois quelque chose là-bas; il ne fait pas de lune, ça ne peut pas être mon ombre... A ton affaire, Steven, à ton affaire... Qui vive!

MARGUERITE, *à part.*

Il m'a vue!

STEVEN.

Qui vive!... répondez, ou je lâche les deux autres mots que j'ai à dire... je crie: Aux armes!...

MARGUERITE, *bas.*

Oh! tout serait perdu! (*Haut.*) N'en faites rien, mon ami, c'est moi, Marguerite.

STEVEN.

Mam'zelle Marguerite!

MARGUERITE.

Steven!

STEVEN.

Oui, c'est moi que j'débute dans la cuirasse... et.

MARGUERITE.

Ah! Steven; c'est la Providence qui t'a placé là!

STEVEN.

Non; c'est un grand qu'on appelle Jacob.

MARGUERITE.

Ecoute-moi.

STEVEN.

Ça n'est pas la peine, je ne pourrais pas vous répondre.

MARGUERITE.

Il faut que tu m'aides à sauver un malheureux.

STEVEN.

Ça n'est pas dans ma consigne.

MARGUERITE.

Il est là.

STEVEN.

Il est là!... qu'il y reste.

MARGUERITE.

S'il y reste, il est mort.

STEVEN.

Mort?...

MARGUERITE.

Et moi, Steven, je ne lui survivrai pas, car c'est moi qui l'aurai perdu.

STEVEN.

Vous!...

MARGUERITE.

Tu peux nous sauver tous les deux... Setven, tu sais ce que j'ai fait pour ta vieille mère... tu peux t'acquitter envers moi.

STEVEN.

Oui, sans vous, la pauvre Mathurine serait morte de misère.

MARGUERITE.

Aide-moi à délivrer Edgar, et c'est moi, entends-tu, moi, qui te devrai de la reconnaissance... Mais réponds-moi donc... ne vois-tu pas que ton hésitation me désespère, et que ton refus me tuera?

STEVEN.

Moi, vous faire de la peine!... mais c'est c'te diable de consigne...

Fanfares.

MARGUERITE.

Le duc entre au château... Steven, veux-tu que je vive? veux-tu que je meure?

STEVEN, *à part.*

Si je fermais les yeux, je ne mentirais pas en disant que je n'ai rien vu.

MARGUERITE.

Ta réponse?...

STEVEN, *fermant les yeux et se retournant pour ne rien voir.*

La voilà.

MARGUERITE, *avec joie.*

Ah! je te comprends... (*Courant à la tourelle.*) Edgar, Edgar, vite, vite... nous n'avons qu'un moment... attendez-moi dans l'oratoire de la duchesse...

Le comte, sous le manteau d'Edgar, paraît; Marguerite lui tient la main et le conduit au perron.

LE COMTE.

Enfin.

Il entre dans le château. Bruit de fanfares.

SCÈNE XVII.

LE DUC DE BRABANT, GENEVIÈVE, MARGUERITE, *précédés* D'HOMMES D'ARMES, D'ÉCUYERS DE CHEVALIERS *et* DE PAGES, *portant des flambeaux.*

LE DUC.

Mes braves compagnons, la campagne est finie; la victoire, cette fois encore, est restée fidèle aux bannières du Brabant. Livrez-vous donc au repos; mais demain préparez-vous à ressaisir vos armes. Le comte de Hainault respire encore, et j'ai juré de ne déposer cette épée que lorsqu'elle aura été rougie de son sang... allez.

MARGUERITE, *bas à Geneviève.*

Il est là, madame.

GENEVIÈVE, *de même.*

Qu'il parte cette nuit.

Tout le monde se retire, à l'exception du duc et de Geneviève; les pages ont placé leurs flambeaux dans des vases qui sont au bas de l'escalier du perron.

SCÈNE XVIII.

GENEVIÈVE, LE DUC.

GENEVIÈVE.

Qu'ai-je entendu?... Demain vous me quittez?... demain!

LE DUC.

Lisez, Geneviève; vous comprendrez et mon prompt retour et mon départ; cette lettre est de Réné, mon premier écuyer.

GENEVIÈVE.

Que signifie...?

LE DUC.

Lisez.

GENEVIÈVE.

« Monseigneur, conformément à vos ordres, j'ai, sous divers déguise-
» mens, parcouru vos domaines; je suis enfin sur la trace du comte de
» Hainault; il a en effet poussé l'audace jusqu'à pénétrer dans le duché
» de Brabant. »

LE DUC.

Continuez.

GENEVIÈVE.

« Il est même parvenu à y rassembler un certain nombre de ses par-
» tisans; je l'ai suivi jusqu'au bois Saint-André; là, il s'est dérobé à
» toutes mes recherches; le bois Saint-André est à peu de distance du
» château qu'habite Mme Geneviève, et j'ai cru ne pas devoir tarder à
» vous transmettre cet avis. »

LE DUC.

J'ai reçu cette lettre hier.

GENEVIÈVE.

Je conçois votre empressement, que, dans un premier moment de joie, j'avais attribué, pauvre folle, à votre amour ; je me trompais, c'était la jalousie qui vous ramenait en si grande hâte... toujours la jalousie !

LE DUC.

Geneviève, c'est parce que je vous aime plus que ma vie, c'est parce que pour vous je donnerais mon sang et mon salut; c'est pour cela que je suis jaloux. Geneviève, quand je crois que vous m'aimez, je chasse loin de ma pensée d'odieux soupçons; mais quand le passé se retrace à ma mémoire, je vous revois, admirant dans un tournoi la grâce du comte de Hainault; je le vois, lui, paré de votre écharpe, je l'entends se vanter hautement d'avoir touché votre cœur, et alors je deviens fou de rage et de désespoir... alors, je ne crois plus en vous, je ne crois plus en Dieu!

GENEVIÈVE.

Ah! Henri!

LE DUC.

Oh! ma belle Geneviève, comprenez donc enfin que la jalousie n'est que l'amour malheureux.

GENEVIÈVE.

Mais que faut-il donc pour rassurer cet amour emporté et soupçonneux? Que faut-il de plus que mes sermens et mes caresses? car je vous aime aussi, monseigneur, malgré vos doutes et vos injustices; je vous aime, parce que vous êtes beau, loyal et brave, et je vous aime de toutes les forces d'un premier amour; je voudrais qu'il me fût possible de vous arracher ces mauvaises pensées qui vous tuent et qui me désespèrent; je le ferais, fallût-il pour cela donner le plus pur de mon sang.

LE DUC.

O ma Geneviève! qui peut douter encore après avoir entendu ta douce voix, quand ta main est là dans la mienne, quand ton cœur bat sur ma poitrine? je t'aime, ma Geneviève, je t'aime et je ne doute plus.

GENEVIÈVE.

Prouvez-le-moi, mon bien aimé seigneur, en renonçant à me quitter sitôt ; accordez-moi encore quelques jours.

LE DUC.

Tu ne sais donc pas, Geneviève, de quel nouvel outrage le comte de Hainault m'a menacé?... Il y a huit jours, j'ai reçu de lui une lettre que j'ai déchirée de mes dents et foulée sous mes pieds; il m'écrivait, le lâche: « Avant huit jours, je te donnerai la preuve que ta femme m'aime » et te trompe. »

GENEVIÈVE.

L'infâme!

LE DUC.

Comprends-tu maintenant que je goûte un instant, je ne dirai pas du bonheur, mais de repos, tant que cet insolent sera debout? comprends-tu que j'aie plus soif de son sang que de tes caresses? (*Il remonte la scène et redescend à la droite de Geneviève.*) S'il est en effet dans le duché de Brabant, je jure Dieu qu'il ne m'échappera pas, et qu'il me paiera chacune de ses calomnies par d'affreuses tortures.

GENEVIÈVE.

Jusqu'à demain, du moins, monseigneur, oubliez cet homme et sa félonie.

LE DUC.

Oui; et pour qu'aucun nuage ne s'élève encore entre nous, pour achever d'arracher de mon sein les soupçons qui le rongent et le déchirent, Geneviève, je veux...

GENEVIÈVE.

Parle.

LE DUC.

Geneviève, pardonne-moi ce dernier doute encore... je veux que tu me jures devant Dieu, et aux pieds de la Vierge sainte qui orne ton oratoire...

GENEVIÈVE.

Mon oratoire!

LE DUC.

Je veux, dis-je, que tu me jures encore une fois que tu n'as jamais aimé le comte, que tu ne l'as pas revu, qu'il n'a jamais pénétré dans ce château.

GENEVIÈVE.

Oh! je te le jure.

LE DUC.

C'est la main étendue vers l'autel qu'il faut me faire ce serment.

GENEVIÈVE, *à part*.

Oh! mon Dieu! et Edgar!

LE DUC.

Pourquoi cette hésitation, ce trouble?... Geneviève, ce que je demandais tout-à-l'heure, je l'exige à présent... Tu trembles!

GENEVIÈVE.

Écoutez-moi, seigneur.

LE DUC.

Non, plus un mot ici, c'est là que je vous entendrai, madame.

GENEVIÈVE.

Dans mon oratoire?

LE DUC.

Oui, dans votre oratoire.

GENEVIÈVE.

C'est impossible.

LE DUC.

Impossible?

GENEVIÈVE.

Oh! par pitié pour moi, pour vous-même...

LE DUC.

Tu me pries de ne pas entrer dans ton oratoire; mais à présent j'irai, fallût-il passer sur ton cadavre.

GENEVIÈVE, *le retenant*.

Non, non, vous ne savez pas... oh! monseigneur...

LE DUC.

Tu me retiens en vain.

SCÈNE XIX.

VANDER, LE DUC, GENEVIÈVE, JACOB, HOMMES D'ARMES ET PAGES *dans le fond.*

LE DUC.

Jacob, entrez dans l'oratoire de la duchesse... brisez, renversez tous les obstacles... allez.

Jacob se dispose à y entrer.

GENEVIÈVE.

Arrêtez... arrêtez.

LE DUC, *à Jacob.*

Allez, vous dis-je.

Jacob entre dans le pavillon.

MARGUERITE, *entrant.*

Qu'y a-t-il ?

LE DUC.

Nous saurons qui s'est renfermé dans cet oratoire*.

Il repousse Geneviève à sa droite.

MARGUERITE.

Ciel !

GENEVIÈVE, *à Marguerite.*

Il me soupçonne !...

MARGUERITE.

Vous?... vous, madame?... Seigneur, seigneur, madame la duchesse est innocente... il y a, en effet, dans cet oratoire un malheureux proscrit.

LE DUC.

Un homme ?... un homme chez la duchesse !...

MARGUERITE.

Mais cet homme... c'est...

SCÈNE XX.

LES MÊMES, LE COMTE, *amené par Jacob.*

LE COMTE, *sur les degrés du pavillon.*

C'est... le comte de Hainault !

GENEVIÈVE, *poussant un cri.*

Ah ! je suis perdue !

Elle tombe évanouie dans les bras de Vander et de Marguerite.

LE DUC, *avec rage.*

Le comte de Hainault !

LE COMTE.

Duc de Brabant, je t'avais bien dit qu'avant huit jours je déshonorerais ton blason.

LE DUC, *s'élançant sur lui.*

Misérable !

LE SIRE DE QUIÉVRAIN, *arrêtant le duc.*

Monseigneur !...

Le Duc contient à peine sa rage ; tout le monde est consterné ; Geneviève est toujours sans connaissance dans les bras de Marguerite et de Vander.

* Vander, Marguerite, Geneviève, le Duc.

ACTE DEUXIÈME.

Une salle basse du château, où se tient le tribunal ; à gauche, la salle des tortures ; un peu plus loin et du même côté, l'entrée du cachot où est détenu le comte de Hainault ; le fond du théâtre est occupé par le tribunal où siégeront les chevaliers ; à droite, au premier plan, une galerie ; au deuxième plan, une portière.

SCÈNE PREMIÈRE.

JACOB, *ensuite* STEVEN.

Au lever du rideau, Jacob sort du cachot du comte de Hainault ; Steven et quelques soldats sont avec Jacob.

JACOB.

Voilà monseigneur le comte de Hainault en lieu sûr ; il attendra dans le cachot des oubliettes qu'il plaise à notre maître de prononcer sur son sort, ce qui ne tardera pas, car tout est disposé déjà pour le jugement.

STEVEN, *entrant et se plaçant à la droite de Jacob.*

Pouah ! quelle humidité ! quelle odeur ! je dois en être tout terni, n'est-ce pas, vous autres ? Avec ça que je suis tombé trois ou quatre fois. Par exemple, voilà ce que mon costume a de commode, je tombe sur un tas d'épines sans m'en douter ; seulement si on ne me relevait pas, je resterais sur le dos jusqu'à la fin du monde.

JACOB.

Steven, sais-tu ce qui m'étonne dans tout ce qui vient de se passer?

STEVEN.

Non, capitaine

JACOB.

Je vais te le dire.

STEVEN.

Ce sera un grand honneur pour moi, capitaine.

JACOB.

C'est que je n'aie pas encore reçu l'ordre de te faire pendre.

STEVEN.

Hein ! plait-il, capitaine ?

JACOB.

N'étais-tu pas en faction devant le pavillon de Mme Geneviève ? N'as-tu pas laissé passer le comte de Hainault ?

STEVEN.

Non, capitaine, je n'ai rien vu. (*A part.*) Il est vrai que j'avais fermé les yeux.

JACOB.

Il se peut, en effet, qu'il ait pénétré chez la duchesse avant l'heure de ta faction, c'est même probable.

STEVEN.

Oh! certainement.

JACOB.

Mais n'importe, je m'étonne que dans le doute on ne l'ait pas pendu pour l'exemple. C'est que dans le premier trouble on n'y aura pas songé.

STEVEN.

Miséricorde! pendu!

JACOB.

Allons, allons, rassure-toi. Par considération pour maître Vander, ton parrain, qui est déjà fort malheureux de tout ceci, je ne dirai rien.

STEVEN.

O mon capitaine, sans ma culotte de fer je tomberais à vos genoux; mais l'intention y est. Ah! rien que l'idée d'être... ce que vous disiez tout-à-l'heure, ça m'a coupé la respiration. Je suis fort mal à mon aise, je prendrais volontiers un escabeau.

JACOB.

Pauvre garçon! Demeure ici pour te remettre, mais ne tarde pas à rejoindre tes camarades, car j'ai ordre de tenir tout mon monde sous les armes.

Il sort à droite, ses hommes sortent de l'autre côté.

SCÈNE II.

STEVEN, *seul.*

Diable de capitaine, va! il m'a bouleversé de fond en comble avec sa réflexion! Il me semble que j'ai la tête comme un boisseau et le cou fort serré... Ce qu'il y a de ridicule dans ma position, c'est que moi, qui ai trempé dans le complot, car je peux bien m'avouer ça à moi-même, j'y ai trempé, je n'y comprends rien de rien. Comment se fait-il que messire Edgar soit devenu le comte de Hainault? Je me suis fait cette question-là depuis hier au soir, et je ne me suis pas encore répondu. Grand saint Bonaventure, mon patron, fais en sorte que je me tire sain et sauf de ce guêpier, et je te promets une chandelle en cire jaune, longue comme ma lance et lourde comme ma cuirasse!... On vient; c'est Mme Geneviève avec mon pauvre parrain; Mlle Marguerite les accompagne. Par prudence, allons-nous-en; ne lui donnons pas l'occasion de me compromettre. (*En s'en allant.*) Décidément, je me suis fait soldat dans un vilain moment.

Il sort.

SCÈNE III.

OLIVIER, GENEVIÈVE, MARGUERITE, VANDER.

GENEVIÈVE.

Olivier, où me conduisez-vous donc?

OLIVIER, *tristement.*

J'exécute les ordres que j'ai reçus, madame.

GENEVIÈVE.

Je ne me trompe pas, c'est dans cette salle que monseigneur rend sa justice; c'est là... là... (*regardant à gauche*) que le coupable est mis à la torture. Mon Dieu! mon Dieu! que veut dire cela!

MARGUERITE.

Oh! rassurez-vous, madame, cet appareil redoutable ne peut vous être destiné; n'est-ce pas, mon père?

GENEVIÈVE.

Tu pleures, mon vieil ami; et c'est en effet la seule réponse que tu puisses faire: tu crois à mon innocence, tu m'aimes toujours; mais tu n'espères plus.

VANDER, *allant à elle**.

Si, madame, j'espère en Dieu, puis aussi dans l'entretien que vous avez fait demander à monseigneur. Quand il vous entendra, mon enfant, quand il vous verra si calme, si résignée, oh! il ne pourra plus vous soupçonner.

Ici un page paraît, il entre de la droite.

GENEVIÈVE.

Ah! quelle réponse vous a faite le duc?

LE PAGE.

Monseigneur a déchiré votre lettre.

GENEVIÈVE.

Mais qu'a-t-il dit?

LE PAGE.

Mme Geneviève se justifiera devant ses juges.

GENEVIÈVE.

Des juges à moi, Geneviève! à moi, la fille des comtes d'Ypres et de Courtray! traînée devant un tribunal, accusée à la face de ses sujets! O mon Dieu! la mort! la mort plutôt que cette humiliation!

VANDER.

Non, la noble fille de mes anciens maîtres ne comparaîtra pas comme une vile criminelle devant des juges décidés d'avance à condamner.

GENEVIÈVE.

Mais Henri refuse de me voir, de m'entendre.

VANDER.

Il me verra, il m'entendra, moi.

GENEVIÈVE.

Tu n'arriveras pas jusqu'à lui.

VANDER.

Oh! si fait!

GENEVIÈVE.

Il te fera chasser peut-être.

VANDER.

Non, madame; votre époux est un noble chevalier, et s'il porte au front une couronne de duc, moi, j'ai une couronne de cheveux blancs: il ne pourra mépriser l'une sans flétrir l'autre.

Il sort par la droite.

* Marguerite, Geneviève, Vander.

SCÈNE IV.

MARGUERITE, GENEVIÈVE, *les Pages au fond.*

MARGUERITE.

Oh ! madame, vous le voyez, mon père ne désespère pas ! Non, jamais des juges n'oseront condamner leur souveraine.

GENEVIÈVE.

Ils me feront grâce de la vie, peut-être ; mais mon honneur, ma réputation, penses-tu qu'ils sortent purs de cette terrible épreuve ? Que puis-je dire pour ma défense ? tout ne m'accuse-t-il pas ? Quelle preuve puis-je donner à mes juges de la calomnie infâme du comte de Hainault ?

MARGUERITE.

Vous direz toute la vérité, madame, vous direz que c'est à ma sollicitation que vous aviez accordé un asile au proscrit.

GENEVIÈVE.

Mais pense donc, pauvre enfant, que je vous perdrais tous deux sans me sauver ; car ce n'est pas Edgar, c'est le comte de Hainault qu'on a trouvé chez moi. Eh ! puis-je expliquer la présence de cet homme, quand je ne puis me l'expliquer à moi-même. Pendant la nuit qui vient de s'écouler, n'avons-nous pas, l'une et l'autre, cherché vainement à pénétrer ce mystère ? Tu m'as juré que tu avais toi-même conduit Edgar dans mon oratoire, et pourtant le comte de Hainault était seul dans cet oratoire.

MARGUERITE.

Il y a dans tout ceci quelque chose que je ne puis ni deviner ni comprendre ; Edgar seul peut tout éclaircir, et Edgar doit être encore dans le château. Toutes les portes en sont restées fermées, les remparts activement surveillés, il n'a pu fuir ; il aura cherché sans doute un asile dans le parc. Toute cette nuit, préoccupée de votre faiblesse, de votre douleur, je n'ai pas songé à courir à la recherche d'Edgar : maintenant ce doit être mon unique pensée ; je le retrouverai, madame, et il viendra vous justifier.

GENEVIÈVE.

Mais il se perdra.

MARGUERITE.

Oh ! j'aime bien mon Edgar, mais je n'aurais plus que du mépris pour lui s'il hésitait un instant à sacrifier sa vie pour racheter la vôtre. Espoir et courage, ma bonne maîtresse ; que Dieu protège Edgar, mais qu'il vous sauve avant tout !

Elle lui baise la main et sort par la gauche.

SCÈNE V.

GENEVIÈVE, JACOB.

JACOB.

Madame, monseigneur le duc va se rendre dans cette salle, ainsi que les nobles chevaliers qu'il a appelés pour former sa cour de justice. J'ai ordre de vous conduire dans cette galerie, où vous resterez jusqu'au moment où vous devez paraître devant le tribunal.

GENEVIÈVE.

Conduisez-moi, Jacob.

JACOB.

Croyez bien, madame, qu'il m'en coûte de remplir un pareil devoir! Permettez...

Il lui offre son bras pour la soutenir.

GENEVIÈVE.

Oh! j'ai de la force encore, mon ami, et Dieu m'en conservera, je l'espère, pour me défendre devant mes juges.

Elle entre, suivie de Jacob, dans la galerie à droite, dont l'entrée est fermée d'une portière.

SCÈNE VI.

LE DUC, OLIVIER *et le* DEUXIÈME PAGE *au fond.*

LE DUC, *arrivant seul et à pas lents.*

Non, je ne suis pas le jouet d'un horrible songe. (*Regardant autour de lui.*) Non, le crime est réel, car tout est prêt déjà pour le châtiment... Geneviève, coupable... infâme... elle!... oui... bien coupable et bien infâme!... Comme elle s'est jouée de moi!... pendant qu'elle me prodiguait ses trompeuses et perfides caresses, un autre... et mon plus implacable ennemi, l'attendait dans son appartement... O mon Dieu, si tu m'as laissé survivre à mon déshonneur, c'est pour que j'en puisse tirer une éclatante vengeance... oh! oui, mon unique pensée... mon espoir, ma vie... c'est la vengeance.

SCÈNE VII.

LE DUC, VANDER, OLIVIER, *et le* DEUXIÈME PAGE *au fond.*

VANDER.

Monseigneur!... où est monseigneur? il faut que je parle à monseigneur!

OLIVIER, *l'arrêtant.*

C'est impossible, maître Vander.

LE DUC.

Vander!... qu'il approche.

Sur un signe du duc, Olivier et le deuxième page sortent par la droite.

VANDER.

Oh! merci, merci, monseigneur!

LE DUC.

Si je n'ai pas refusé de l'entendre, c'est par respect pour ton âge; mais si tu viens ici solliciter ma pitié pour... elle... épargne-toi de vains efforts, épargne-moi tes plaintes, tes larmes... et retire-toi.

VANDER.

Monseigneur... je vais vous parler de Geneviève, et vous m'entendrez... Je viens vous dire : Elle est innocente, et vous m'entendrez; non pas par pitié pour mes cheveux blancs, mais parce que je le veux, monseigneur, et qu'aujourd'hui vous ne pouvez rien me refuser.

LE DUC.

A toi!

VANDER.

Oui, monseigneur, à moi! Vander n'a pas toujours été vieux et faible; il y a dix années, Vander était encore un bon et brave soldat; il servait sous la bannière du duc votre père, à cette fameuse bataille d'Ypres, où vous faisiez, vous, vos premières armes... vous étiez bien jeune alors, et entraîné par un noble mais imprudent courage, vous vous étiez engagé seul dans les rangs ennemis; votre cheval percé de coups vous avait renversé, vous alliez périr, quand un homme accourut qui vous fit un rempart de son corps et donna le temps à vos hommes d'armes d'arriver jusqu'à vous; à ce soldat vous avez serré la main et vous avez donné votre anneau, en lui disant: En échange de cet anneau, tout ce que tu me demanderas... Vous n'avez jamais revu ni l'homme ni l'anneau; et pourtant l'homme existe encore.

LE DUC.

Et cet homme?

VANDER.

C'est moi.

LE DUC.

Et mon anneau?

VANDER.

Le voilà.

LE DUC.

Et pourquoi ne l'as-tu pas rapporté plus tôt?

VANDER.

A quoi bon? je n'étais plus assez jeune pour être ambitieux; et la récompense de ce que j'avais fait, je la trouvais dans le récit de vos exploits, de vos brillans faits d'armes! Je ne croyais pas qu'un jour viendrait où je serais forcé de vous rappeler cette promesse faite sur un champ de bataille: En échange de cet anneau, tout ce que tu me demanderas... Vous me l'avez dit, monseigneur.

LE DUC.

Et tu viens me demander la grâce de Geneviève.

VANDER.

Sa grâce?... non, monseigneur, car elle n'est pas coupable.

LE DUC.

Qu'as-tu dit?

VANDER.

La vérité... Oui, monseigneur, je garantis l'innocence de Geneviève sur ma vie, sur mon honneur!... mais songez donc que c'est presque mon enfant, que je ne l'ai jamais quittée... elle n'a jamais eu un secret pour son vieux père... ses larmes, c'est dans mon sein qu'elle venait les répandre... Oh! elle vous aime, monseigneur; elle vous aime de cet amour qui éloigne jusqu'à la pensée d'une trahison. Non, ce n'est pas sa grâce que je demande, c'est sa réhabilitation... sa réhabilitation pleine et entière.

LE DUC.

Mon vieil ami, si tu savais avec quelle douce joie je t'entends protester de l'innocence de Geneviève... il y a là, dans mon cœur, un écho de ta voix quand tu la défends... et cette autre voix me crie aussi que cet ange de candeur et de vertu n'a pu déchoir et se flétrir à ce point; comme toi, Vander, je doute du témoignage de mes yeux. Mais accusée devant tous, il faut qu'elle se justifie devant tous. Il faut, pour qu'elle relève le front, une éclatante justification. Comme tu le disais toi-même, ce n'est pas une grâce qu'on doit à la duchesse de Brabant, c'est justice.

VANDER.

Et qui la défendra devant ses juges?

LE DUC.

Toi.

VANDER.

Moi?... oh! monseigneur, il faut être chevalier pour porter la parole en cour de justice, et je ne suis qu'un pauvre vassal.

OLIVIER.

Monseigneur, les nobles barons et chevaliers appelés par vous sont tous réunis dans la grande galerie.

LE DUC.

Qu'ils viennent.

VANDER.

Mais, monseigneur, vous ne m'avez pas dit...

LE DUC.

Silence.

A ce moment, les barons et chevaliers, en costume d'apparat, entrent. Le Duc a pris place sur le siége élevé qui lui était destiné et qui est à droite.

SCÈNE VIII.

LE BARON DE HESDIN, LE SIRE D'OUDENARDE, LE SIRE DE QUIÉVRAIN, LE CHEVALIER D'ASSAS, LE SIRE DE NANTAI, LE CHEVALIER DE QUESNOI, *au fond, près de leurs siéges;* LE DUC *est sur son trône,* VANDER *à sa gauche,* LES DEUX PAGES *à chaque côté du tribunal,* JACOB *près de l'entrée de la galerie.*

LE DUC.

Prenez place, messeigneurs!... (*Les chevaliers se placent dans leurs stalles, et Olivier apporte le livre d'Évangiles, qu'il place sur un petit guéridon qui est devant le sire de Quiévrain, président du tribunal.*) Nobles chevaliers, chers compagnons d'armes, ce n'est plus le secours de votre épée que je réclame aujourd'hui de vous; je vous demande l'appui de votre raison et de votre équité. Le crime que vous êtes appelés à punir vous a été révélé par mon justicier. Les coupables vous sont connus, je les livre à votre tribunal. J'aurais pu, comme seigneur et maître de ce duché, juger et punir sans appel; mais je ne l'ai pas voulu. Ce qu'il me faut, ce que je demande, ce n'est pas vengeance, c'est justice; seulement, nobles chevaliers, n'oubliez pas que l'une des personnes traduites devant cette cour a fait long-temps mon bonheur et ma joie; qu'hier encore tout le monde la devait croire la plus pure comme la plus belle des femmes; songez enfin qu'il faut des preuves irrécusables pour entacher d'infamie un front qui porte une couronne.

LE SIRE DE QUIÉVRAIN.

Seigneur duc, nous allons prêter sur cet Évangile le serment de rendre bonne et loyale justice, comme le doivent faire de nobles et féaux chevaliers. (*Il se lève et étend la main sur l'Évangile.*) Appelé par monseigneur Henri, duc de Brabant, à l'effet de juger Arthur comte de Hainault et Geneviève de Courtray, duchesse de Brabant, je jure de n'écouter que la voix de ma conscience. Que Dieu m'entende et m'assiste. (*Tous les chevaliers se lèvent et étendent la main sur l'Évangile.*) La cour de justice étant valablement constituée, je vais ordonner la comparution des accusés.

LE DUC.

Un moment! avant de m'aider à punir, vous allez m'aider à récompenser. Il y a dix ans, à la bataille d'Ypres, un soldat m'a sauvé la vie; à ce soldat, je ne puis offrir de l'or, car il porte un noble cœur dans sa poitrine, et il refuserait. Mon libérateur est un homme du peuple; mais les plus illustres noms sont sortis du peuple, l'épée ou le génie leur a fait passage. Messeigneurs, quelle récompense mérite cet homme, qui, d'un bras déjà glacé par l'âge, a défendu vaillamment et sauvé son maître? Répondez.

LE SIRE DE QUIÉVRAIN.

Une récompense qui soit éclatante et grande comme le service rendu, les éperons de chevalier.

LE DUC.

C'est bien. (*Il fait signe à un page qui sort à l'instant.*) Vander, approchez. (*Vander va au milieu de la scène.*) Sire de Quiévrain, voilà le soldat à qui je dois la vie.

Le page reparaît portant un éperon sur un coussin.

LE SIRE DE QUIÉVRAIN.

Nous le déclarons tous digne d'être notre frère d'armes; mais, pour qu'il soit armé chevalier, il lui faut un parrain.

LE DUC.

Il en a un.

LE SIRE DE QUIÉVRAIN.

Qui donc?

LE DUC, *se levant.*

Moi, Henri, duc de Brabant, qui réponds de lui devant Dieu et devant les hommes.

VANDER.

Oh! monseigneur!

LE DUC.

Silence! (*Olivier attache l'éperon à Vander; le sire de Quiévrain le frappe sur l'épaule du plat de son épée et l'embrasse. Le duc l'embrassant à son tour.*) Chevalier Vander, prenez place à la cour de justice... (*bas*) et maintenant, tu pourras défendre Geneviève.

Vander va se placer entre le baron de Hesdin et le sire d'Oudenarde.

LE SIRE DE QUIÉVRAIN.

Introduisez d'abord le comte de Hainault.

SCÈNE IX.

LES MÊMES, LE COMTE DE HAINAULT.

A peine le Duc et Vandor ont-ils pris place que le sire de Quiévrain fait signe d'introduire le comte de Hainault; Jacob ouvre la porte du cachot souterrain où est renfermé le Comte; celui-ci paraît bientôt : il est pâle, mais il est calme et s'avance d'un pas ferme.

LE COMTE, *à la gauche de la scène.*

Que me veut-on?

LE SIRE DE QUIÉVRAIN.

Vous demander compte de votre présence dans ce château.

LE COMTE, *avec ironie.*

Le duc de Brabant en ignore-t-il donc le motif?

Le Duc fait un mouvement de colère, le sire de Quiévrain lui fait signe de se modérer.

LE SIRE DE QUIÉVRAIN.

Comte de Hainault, répondez à vos juges.

LE COMTE, *avec hauteur.*

Mes juges! le baron de Hesdin, le sire d'Oudenarde, le chevalier de Quiévrain! Depuis quand des vassaux s'arrogent-ils le droit d'appeler devant leur tribunal ceux qui portent la couronne de comte?

LE DUC.

Depuis que ceux qui portent la couronne de comte se sont faits lâches et infâmes.

LE COMTE.

Des injures! le duc de Brabant oublie que je suis sans armes.

LE DUC.

Tu étais recouvert de ton armure aux combats de Courtray, d'Assas et de Nantai; pourquoi ton épée n'a-t-elle jamais attendu la mienne? Je te cherchais en vain au milieu de tes hommes d'armes; fatigué de te poursuivre sans te pouvoir jamais atteindre, désespérant de punir le chevalier, j'ai dépouillé le souverain, je t'ai chassé de ton comté, j'ai fait de toi un misérable mendiant.

LE COMTE.

Duc, le mendiant avait juré de se venger de toi; vainqueur, tu n'as pu m'enlever que ma puissance; vaincu, je t'ai déshonoré.

LE DUC.

Misérable!

LE COMTE.

Ah! aujourd'hui tu es à ma merci; rappelle-toi mes paroles le jour où tu l'emportas sur moi auprès des parens de Geneviève : Tu viens d'obtenir sa main, te dis-je, et moi je garde son cœur. Tu me traitas d'imposteur alors, tu me juras une haine qui n'a pu s'éteindre dans le sang de la moitié de mes vassaux. Eh bien, t'avais-je trompé? étais-je un imposteur?

LE DUC.

Tais-toi, tais-toi!

LE COMTE, *avec ironie.*

Mais que t'importe après tout, la vertu de ta femme? quand tu as pour promener ta honte mes états et les tiens, duc, chacun de nous a son triomphe!

LE DUC.

Oh! le tien ne sera pas de longue durée : avant peu, j'espère, le bourreau m'aura fait justice.

LE COMTE.

Et en cela je serai encore plus heureux que toi, car la mort me délivrera de tous les maux que tu m'as faits, tandis que toi, tu vivras pour supporter la flétrissure dont j'ai couvert le nom de tes ancêtres.

LE SIRE DE QUIÉVRAIN.

Assez, assez. Comte de Hainault, persistez-vous dans votre première déclaration faite au justicier de M. le duc?

LE COMTE.

Je persiste.

LE SIRE DE QUIÉVRAIN.

Introduisez la duchesse de Brabant.

SCÈNE X.

Les Mêmes, GENEVIÈVE.

Elle est à droite de la scène, entre le Comte et les membres du tribunal.

LE SIRE DE QUIÉVRAIN.

Madame, vous êtes en présence de vos juges et de votre accusateur : je vous adjure, au nom du Tout-Puissant, de nous dire la vérité.

GENEVIÈVE.

Messeigneurs, la parole d'un mourant est sacrée, dit-on : vous pourrez donc ajouter foi à la mienne, car je sais que je ne puis plus vivre. Le destin funeste, en jetant sur ma vie l'apparence d'un crime, et en y imprimant une tache, a dicté l'arrêt de ma mort! Je dois mourir, messeigneurs, puisque j'ai pu être soupçonnée par mon loyal époux, puisqu'il a cru devoir me traîner devant un tribunal, et lui dire : Jugez la femme adultère. Mais si le sacrifice de mes jours est indispensable, il n'en est pas de même de mon honneur d'épouse... et la même voix qui demandera une tombe à ses juges s'élèvera retentissante et forte pour crier au lâche qui l'accuse : Comte, vous êtes un calomniateur!

LE DUC.

Qu'entends-je!... Geneviève, vous seriez innocente?

GENEVIÈVE.

Innocente! oui, monseigneur, je le jure devant Dieu et sur cet Evangile!

LE DUC.

Achevez donc de confondre ce misérable; dites-nous par quelle ruse il a pu pénétrer dans votre appartement?

GENEVIÈVE.

Hélas! monseigneur, l'apparition de cet homme m'a jetée dans un étonnement au moins égal au vôtre.

LE DUC.

Ainsi, vous ignoriez qu'il fût caché dans votre demeure ?

GENEVIÈVE.

Je l'ignorais.

LE DUC.

Prenez garde, madame, c'est la vérité que vous m'avez promise.

GENEVIÈVE.

Et je vous la dis tout entière, monseigneur.

LE DUC.

Cependant, lorsque j'ai voulu vous conduire dans votre oratoire, vous vous y êtes opposée d'abord; et puis ensuite, vous avez avoué que quelqu'un y était renfermé?

GENEVIÈVE.

Cela est vrai, monseigneur; mais celui pour qui je vous suppliais, pour qui j'implorais votre pitié, ce n'était pas le comte de Hainault.

LE DUC.

Et qui donc était-ce ?

GENEVIÈVE.

C'était un infortuné à qui j'avais consenti à donner un asile, afin de le soustraire à la mort qui l'attendait s'il était découvert dans votre château.

VANDER.

Vous l'entendez, messeigneurs.

LE DUC.

Mais cet homme, quel était-il? nommez-le-moi.

GENEVIÈVE.

Je ne le puis, monseigneur; car en ce moment le même danger le menace encore.

LE DUC.

Eh quoi ! lorsqu'il s'agit de votre honneur et du mien, vous refusez de prononcer le nom de cet homme !

SCENE XI.

LES MÊMES, MARGUERITE *entrant par la gauche.*

Je vais vous le dire, monseigneur !

LE DUC *étonné.*

Vous, Marguerite?

MARGUERITE.

Cet infortuné se nomme... Edgar.

LE DUC.

Edgar le proscrit?

MARGUERITE.

Lui-même, monseigneur.

LE DUC.

Et comment le savez-vous ?

MARGUERITE.

Il m'aimait, monseigneur, et, pour me voir une dernière fois, il s'était introduit dans votre château. Connaissant le sort qui l'attendait s'il était découvert, j'ai supplié madame la duchesse de le cacher quelques heures dans son oratoire, seul refuge où il pouvait être en sûreté.

LE DUC.

Relevez-vous. (*Marguerite se relève et va près de la duchesse.*) Est-ce la vérité, madame, que vient de dire votre fille d'honneur ?

GENEVIÈVE.

Oui, monseigneur.

LE DUC.

Pourquoi ne pas l'avoir déclaré plus tôt ?

GENEVIÈVE.

Parce qu'en vous dénonçant sire *Edgar* je craignais que vous ne fissiez exécuter l'arrêt de mort prononcé contre lui, et je ne voulais pas vous voir verser le sang de votre frère.

LE DUC *aux juges.*

Vous l'entendez! la duchesse de Brabant n'a été coupable que d'une seule faute, bien grande sans doute, car elle a osé se placer entre un proscrit et ma justice; mais cette faute, c'est la bonté de son cœur qui la lui a fait commettre, et je la lui pardonne. Il ne vous reste donc plus à juger que ce misérable, qui, à tous ses méfaits contre moi, voulait joindre la perte de la meilleure et de la plus vertueuse des femmes.

Tous les chevaliers se lèvent.

LE COMTE.

Un moment, messeigneurs, ne prononcez pas votre arrêt avant de m'avoir entendu. (*Les chevaliers se rasseyent.*) Lorsque tout-à-l'heure il ne s'agissait de punir en moi que le rival heureux de votre maître, vous ne m'avez vu prendre aucun souci de ma défense. Ma mort était indispensable à ma vengeance, et j'avais fait le sacrifice de ma vie... Mais à présent que sur ma tombe vous voulez imprimer une tache infamante, celle de calomniateur, il vous faut à vous pour prononcer ma condamnation, et à moi pour être convaincu de calomnie, d'autres preuves que l'assertion d'une noble dame et celle de sa fille d'honneur. Il manque ici quelqu'un pour donner du poids à l'une et à l'autre, et cette personne, c'est ce sire Edgar, dont le nom a été invoqué si à propos; à mon tour, c'est sa présence que je demande; puisque c'est lui qui a été conduit dans l'oratoire de la duchesse, il doit y être encore, ou tout au moins dans le château, car toutes les portes en ont été scrupuleusement gardées, et il est impossible qu'il ait pu en sortir. Qu'il paraisse donc devant vous, qu'il vienne, par sa déclaration, me confondre et me convaincre d'imposture. Alors et seulement alors, messeigneurs, vous aurez le droit de dire : Le comte de Hainault a calomnié la duchesse de Brabant; mais jusque là, vous ne pourrez et ne devrez voir dans le témoignage de Marguerite que le désir bien naturel de sauver sa maîtresse en égarant votre justice.

LE DUC.

Eh bien ! qu'il en soit donc ainsi... Marguerite, amenez devant moi sire Edgar ; dites-lui qu'il n'a rien à craindre ; je lui fais grâce pleine et entière... Allez, hâtez-vous !

MARGUERITE.

Monseigneur, je ne puis vous obéir, car avant de paraître en votre présence et dans l'intention de venir avec Edgar me jeter à vos pieds, j'ai parcouru le château, le parc, et mes recherches ont été vaines.

LA DUCHESSE, *à part.*

Grand Dieu !

LE COMTE.

Vous le voyez, messeigneurs, sir Edgar était un personnage inventé à plaisir.

MARGUERITE.

Oh ! monseigneur, je vous jure sur le salut de mon ame que tout ce que j'ai dit était vrai !... (*Après avoir réfléchi.*) Attendez, il est un autre témoignage que je puis appeler à l'appui du mien.

LE DUC.

Lequel ?

MARGUERITE.

Celui du factionnaire qui était placé en face du pavillon.

LE DUC.

Son nom ?

VANDER.

C'était Steven.

LE DUC.

Qu'il paraisse à l'instant.

Jacob sort.

LE COMTE, *à part.*

Ah ! le témoignage de cet homme appuiera celui de Marguerite, car c'est Edgar qu'il a cru voir.

Steven paraît accompagné de Jacob.

SCÈNE XII.

Les Mêmes, STEVEN, *au milieu du théâtre.*

STEVEN, *à part.*

On a pensé à moi, je suis perdu !

LE DUC.

Réponds avec franchise aux questions qu'on va te faire.

STEVEN.

Oui, monseigneur. (*A part.*) O grand saint Bonaventure, tire-moi de là ! je te promets deux chandelles au lieu d'une.

MARGUERITE.

Hier, à la tombée de la nuit, c'est bien toi qui étais en sentinelle sur le rempart, vis-à-vis l'appartement de madame la duchesse ?

STEVEN.

Oui, c'était moi.

MARGUERITE.

Raconte ce qui s'est passé ; parle sans crainte.

STEVEN.

J'ai fait mes deux heures de faction ; l'on est venu me relever .. voilà tout...

MARGUERITE.

Tu dois te rappeler qu'hier je suis venue à toi, et qu'à ma prière tu as laissé sortir Edgar de la tourelle, pour qu'il pût entrer dans le pavillon.

STEVEN.

Moi?...

LE DUC.

Réponds ! réponds donc!

STEVEN.

Monseigneur, je n'ai rien à répondre.. car je n'ai rien vu.

MARGUERITE.

Ah ! Steven! tu mens, tu mens.

STEVEN, *à part.*

C'est que la potence est au bout de la vérité... Oh ! mais je rachèterai ça peut-être par une bonne action.

LE DUC, *à Steven.*

Retire-toi.

Steven s'éloigne.

MARGUERITE.

Ah ! messeigneurs! ou cet homme est fou, ou c'est un traître... Je vous jure...

GENEVIÈVE, *l'interrompant.*

C'est assez faire, Marguerite, pour sauver une pauvre femme qui n'a plus de recours qu'en la miséricorde divine... Condamnez-moi, messeigneurs; ce n'est pas sur votre tête que retombera mon sang, non, car toutes les preuves sont contre moi; il faudrait être plus qu'un homme pour pénétrer cet abominable mystère. Condamnez-moi donc, je vous pardonne l'arrêt que vous allez prononcer; mais à toi, comte de Hainault, à toi qui pouvais me tuer et qui me déshonores, à toi ma haine et mes malédictions !... Que dis-je, insensée ?... Comte de Hainault, si tu n'en voulais qu'à ma vie, je ne descendrais pas jusqu'à la prière; mais c'est mon déshonneur que tu veux... eh bien, pour racheter cette réputation que tu vas flétrir... comte, j'oublie ma haine, mon mépris; je foule aux pieds ma dignité de duchesse et de femme, je suis à tes genoux ; comte, la vérité! par pitié, par grâce, la vérité!

LE COMTE, *bas.*

Comme toi, Geneviève, Arthur ne pardonne pas. (*Se retournant vers les juges.*) Eh bien, chevaliers, où sont les preuves de ma félonie? suis-je encore un calomniateur?

VANDER, *se levant.*

Oui, je l'atteste, moi Vander, je l'atteste sur ma foi de chevalier!... Messeigneurs, si j'ai accepté la place que vous m'avez faite à vos côtés, si j'ai consenti à recevoir le prix d'une action toute naturelle chez un soldat, ce n'a pas été par ambition : Vander, né paysan, serait mort paysan; mais il fallait être noble pour parler en votre présence, il fallait être chevalier pour défendre Mme Geneviève. Grâce à monseigneur et à vous, je puis élever la voix dans cette enceinte; certes, Mme Geneviève méritait d'avoir un défenseur plus éloquent que moi. Après avoir entendu ces funestes débats, mon faible esprit reste accablé sous le poids des preuves, mais ma raison me dit en vain que Mme Geneviève est coupable, mon cœur me crie qu'elle est innocente! J'ai déjà lu dans vos regards que cette conviction n'est pas la vôtre; avant de prononcer votre sentence, moi défenseur de dame Geneviève, je vous demande de m'en laisser appeler au jugement de Dieu. Comte de Hainault, je te déclare à la face du ciel et de la terre calomniateur et infâme, je te défie au combat à outrance. Ne méprise pas trop la faiblesse de ce bras, nous combattrons tête et poitrine nues : tu auras pour toi l'adresse et la force, moi j'aurai ma bonne cause et Dieu qui nous juge.

LE SIRE DE QUIÉVRAIN.

Nous ne pouvons consentir à une lutte aussi inégale. Chevalier Vander, reprenez votre place ; il est un autre moyen d'arracher au comte de Hainault la vérité, que lui seul peut révéler tout entière. Je demande donc que l'accusé soit à l'instant soumis à la torture.

LE DUC.

Que les ordres du tribunal s'exécutent.

LE COMTE.

Comme j'ai lassé tes juges, duc de Brabant, je lasserai tes bourreaux.

Sur un signe du Duc, Jacob conduit le Comte dans la chambre des tortures ; deux soldats le suivent.

SCÈNE XIII.

LES MÊMES, *excepté* LE COMTE.

JACOB, *dans la chambre des tortures.*

Comte de Hainault, persistez-vous à déclarer que c'est de l'aveu de la noble duchesse que vous vous êtes introduit dans son appartement?

LE COMTE, *d'une voix forte, dans la coulisse.*

Oui, je persiste à le déclarer.

JACOB.

Bourreau, faites votre devoir. (*Silence sur la scène.*) Comte de Hainault, persistez-vous?

LE COMTE, *toujours dans la coulisse, d'une voix moins forte.*

Je persiste.

JACOB.

Bourreau, faites votre devoir... Persistez-vous? (*Silence. Rentrant.*) Monseigneur, le patient vient d'expirer.

Le sire de Quiévrain s'approche des autres juges et les consulte.

LE DUC, *à part, pendant ce mouvement, avec désespoir.*

Il emporte dans la tombe l'honneur de ma maison.

LE SIRE DE QUIÉVRAIN.

Écoutez tous le jugement du tribunal: Les chevaliers ici présens, réunis par ordre du noble et puissant duc de Brabant pour juger dame Geneviève, la déclarent coupable du crime d'adultère, et, en réparation de ce crime, la condamnent à la mort!

GENEVIÈVE, MARGUERITE, VANDER.

La mort!

LE DUC.

La mort! non, non, c'est impossible!

LE SIRE DE QUIÉVRAIN.

Monseigneur duc...

LE DUC.

C'est impossible, vous dis-je; la vie de la duchesse ne m'appartient pas. Vander, tu portes au doigt un gage de ma foi donnée; en échange de cet anneau, tout ce que tu me demanderas. Tu me demandes la vie de Geneviève? tu me la demandes, n'est-ce pas?

VANDER.

Oui, oui, monseigneur.

LE DUC.

Geneviève, vous vivrez; mais je ne veux plus vous revoir; vous sortirez de mes états, et vous n'y rentrerez qu'à ma mort. Geneviève, vous pourrez alors venir pleurer sur cette tombe que vous aurez creusée, sur cette tombe où l'on n'inscrira pas mon nom, car ce nom, vous l'avez déshonoré!

LE SIRE DE QUIÉVRAIN.

Geneviève, la clémence de votre seigneur et maître vous laisse la vie sauve; mais vous allez sortir de ce château à l'instant même, et du duché de Brabant sous trois jours. Défense est faite à tous les vassaux de monseigneur de vous prêter aide et secours, ordre leur est donné de vous chasser devant eux en criant: Anathème et malheur sur la femme adultère!

GENEVIÈVE.

Oh! la mort, la mort!

Elle tombe évanouie aux pieds du tribunal; le comte reste accablé et anéanti. Le rideau tombe.

ACTE TROISIÈME.

Une forêt ; à gauche, un chapelle rustique ; plus loin, au fond, un chemin creux praticable ; à droite, une grotte qui doit être au second plan ; çà et là des arbres plantés irrégulièrement ; au milieu du théâtre, des rochers praticables.

SCÈNE PREMIÈRE.

MARGUERITE, VANDER.

Marguerite est prosternée à deux genoux devant la chapelle. Vander est assis sur un tronc d'arbre à droite.

MARGUERITE.

Notre-Dame-des-Sept-Douleurs, vous que tous les malheureux appellent à leur aide, ne repoussez pas la prière d'une pauvre jeune fille qui a déjà creusé deux tombes et qui ne peut pas mourir.

VANDER.

Mourir... toi, Marguerite!... et qui donc alors resterait pour me fermer les yeux ?

MARGUERITE.

Ah! pardon... pardon, mon père... mais j'ai perdu ce qu'après vous j'avais de plus cher au monde... Madame Geneviève, ma noble maîtresse, compromise par moi... pour moi... est morte peut-être de misère et de faim... Et Edgar... mon pauvre Edgar! a été trouvé assassiné à la lisière du bois de Saint-André... O madame Marie! recevez-le dans le ciel, mon bien-aimé, recevez-le ; il n'attendra pas long-temps la pauvre Marguerite.

VANDER.

Edgar avait lui-même détruit le repos de sa vie ; il n'avait plus d'avenir, et de longs jours eussent été pour lui de longs malheurs... Dieu a pris pitié de ce jeune homme et l'a rappelé à lui.... Prions pour son âme ; mais gardons nos larmes pour de plus grandes infortunes... pour Geneviève, pour Geneviève, qui n'a pas sous le ciel un abri pour reposer sa tête, un ami pour la défendre et la consoler... Gardons aussi de la pitié pour notre maître, que la Providence éprouve si cruellement.

MARGUERITE.

Vous l'avez vu ce matin! Comment se trouvait-il?

VANDER.

Depuis le départ de Mme Geneviève, toujours le même désespoir, toujours la même mélancolie, que traversent, par intervalle, les accès d'un délire effrayant.

MARGUERITE.

P. vre prince !

VANDER.

Les médecins ont voulu qu'il prît aujourd'hui l'exercice de la chasse.

MARGUERITE.

Ne craignez-vous pas, mon père, que les vassaux de monseigneur ne devinent ce qu'on voulait leur cacher?

VANDER.

Il est sans doute plus utile que jamais de tenir secrète la maladie du duc; aussi ne doit-il être entouré que de ses chevaliers les plus dévoués; on ne laissera approcher personne. Espérons que la Providence rendra bientôt ces précautions inutiles par la complète guérison de notre noble maître.

SCÈNE II.

STEVEN, MARGUERITE, VANDER.

MARGUERITE.

Puisse-t-elle prendre en égale pitié la malheureuse Geneviève!

STEVEN, *qui s'est approché, portant au bras un panier.*

La Providence ne doit oublier personne, mademoiselle Marguerite, et les innocens moins que les autres.

MARGUERITE.

Steven !... Misérable... tu oses me regarder en face... toi... le lâche complice du monstre qui a perdu ma maîtresse!

STEVEN.

Mademoiselle Marguerite, si vous saviez...

VANDER *.

Steven, si tu as menti... tu rendras compte à Dieu du mal que tu as causé!... Viens, ma fille, retournons au château.

Ils sortent par le chemin creux.

SCÈNE III.

STEVEN, *seul.*

Il a raison, maître Vander... j'aurai un terrible compte à rendre là-haut !... Dire que moi, qui ne ferais pas volontairement le moindre mal à une fourmi, j'ai fait le malheur d'une duchesse! j'ai peut-être sa mort à me reprocher... Oh! non, il y a là quelque chose qui me dit qu'elle existe encore.... Sans ça, la Providence n'aurait pas commencé le miracle que j'ai fini... Mme Geneviève avait dit : Il n'y a que deux hommes qui puissent prouver mon innocence... A l'heure qu'il est, ces deux hommes devraient être, l'un en terre, et l'autre en l'air, et, s'ils sont encore de ce monde, c'est pour réparer le mal qu'ils ont fait... Je suis bien seul; personne ne peut me voir... Allons porter ces provisions à mon prisonnier, qui ne m'a pas vu depuis huit jours; j'espère le trouver sur pied... (*Son du cor.*) On chasse toujours... on disait que la meute revient par ici... J'entends remuer le feuillage là-bas... si c'était quelque sanglier aux abois !... On dit que tout est utile dans la nature; je vous demande un

* Steven, Vander, Marguerite.

peu à quoi servent les sangliers et les loups?.... Je ne me trompe pas, c'est une pièce de gibier... (*Ici une biche traverse rapidement le théâtre et va se perdre dans le taillis à droite.*) Ah! que je suis bête!... c'est une jolie petite biche; elle est sans doute blessée et sera tombée dans ce taillis.... Il faut que je m'en assure... (*Il va au fond et entre dans le taillis.*) Je ne vois rien.... elle sera peut-être entrée dans cette grotte... Il fait noir en diable là-dedans... c'est égal, je me risque. (*Il disparaît, mais revient bientôt tout effrayé.*) Miséricorde!... il y a quelqu'un là... dans cette grotte... un mort... j'en suis sûr, car ça n'a pas remué... Ira chercher la biche qui voudra, j'y renonce... Mais pourtant, si je me trompais... si ce mort n'était qu'un mourant... Allons, Steven, tu as un gros péché à racheter, mon garçon... et tu as juré de n'être plus poltron.... Allons....

Il rentre dans la grotte et revient bientôt en portant dans ses bras une femme évanouie, dont les vêtemens sont en lambeaux.

SCÈNE IV.

STEVEN, GENEVIÈVE.

Steven vient avec son fardeau jusque auprès d'un gros arbre au milieu du théâtre, et dépose la femme évanouie sur une pierre qui se trouve là.

STEVEN.

C'est une pauvre mendiante qui meurt de faim peut-être... Heureusement que j'ai là ce qu'il faut pour... (*Écartant ses cheveux.*) Ah! mon Dieu!... mais c'est elle... elle!... madame Geneviève!... Elle n'est pas morte, car sa main n'est pas froide... et son cœur bat toujours... Vite, un peu de mon vieux vin!... l'autre s'en passera... Là... là... elle respire... ça remet l'estomac...

GENEVIÈVE.

Je ne puis donc pas mourir...

STEVEN.

Mourir, vous, madame Geneviève, par exemple! encore un peu de vieux vin, hein! ça réchauffe?

GENEVIÈVE.

On a donc eu pitié de moi?... où suis-je? et qui êtes-vous?

STEVEN.

Elle va me maltraiter, c'est sûr.

GENEVIÈVE, *regardant autour d'elle.*

La forêt... toujours la forêt... Pourquoi vous détournez-vous de moi? Ah! tant de gens m'ont fait du mal! laissez-moi voir l'homme généreux qui a daigné me faire un peu de bien.

STEVEN.

Oh! cet homme généreux est tout simplement un misérable, un égoïste, un poltron.

GENEVIÈVE.

Je ne vous reconnais pas.

STEVEN.

Je suis Steven, ce soldat qui a rendu témoignage contre vous, je vous ai fait bien du tourment; mais je réparerai ça, madame... Encore un peu de vin vieux.

GENEVIÈVE.

Non, je suis mieux... tu m'as rendu les forces que trois jours d'abstinence avaient éteintes.

STEVEN.

Trois jours sans manger ! vous, madame Geneviève, une duchesse !... et, pendant ce temps-là... tu te gorgeais et te gobergeais, toi misérable faux témoin que tu es !

GENEVIÈVE.

Quand on m'eut chassée du château, je tombai sur une pierre, et j'étais décidée à attendre la mort ; mais je me souvins que, si l'on me surprenait ainsi, on m'entraînerait au-delà des frontières du Brabant. Je ne voulais pas mourir sur un sol étranger ; je voulais que mon dernier regard pût s'arrêter encore sur les tourelles du château... je me levai donc, et je vins me cacher dans ce bois ; pour qu'on ne cherchât pas à suivre mes traces, je voulus faire croire à ma mort, j'arrachai la robe et le voile que je portais en quittant le château, et je les déposai au bord du grand précipice. J'aurais désiré trouver un déguisement qui me rendît méconnaissable ; mais la pluie qui trempait mes vêtemens, les ronces qui les mirent en lambeaux, tout cela transforma bientôt la duchesse de Brabant en une pauvre mendiante, qui put alors, sans danger, implorer de la pitié de quelques paysans un peu de pain noir qu'on lui refusait souvent... Il y a trois jours, repoussée brutalement, insultée même, je ne me sentis plus le courage de mendier pour prolonger une existence à laquelle l'espoir ne me rattachait plus. J'avais trouvé dans cette grotte un abri contre l'orage, je résolus de n'en plus sortir. Je ne sais si je dois remercier le ciel de vous avoir envoyé à mon aide, car la mort allait venir, et, pour moi, la mort était au moins le repos.

STEVEN.

Si, madame, remerciez le ciel, remerciez-le, car un homme qui a fait votre malheur le réparera, un homme qui de duchesse vous a faite mendiante, de mendiante vous refera duchesse... cet homme, c'est moi... Steven...

GENEVIÈVE.

Vous ?

STEVEN.

Oui, moi... Je ne suis qu'un pauvre paysan, maçon il y a quinze jours, et soldat aujourd'hui ! mais si le diable m'a donné assez de pouvoir pour vous nuire, Dieu a daigné me choisir, moi chétif, pour vous réhabiliter ; c'est moi, madame Geneviève, moi qui prouverai que vous êtes innocente.

GENEVIÈVE.

Seul, que pourras-tu ?

STEVEN.

Seul, je ne pourrais rien du tout... mais n'avez-vous pas dit vous-même qu'il y avait deux hommes qui pouvaient tout dans votre destinée ? L'un de ces hommes c'est moi ; l'autre...

GENEVIÈVE.

C'est le comte de Hainault ; mais celui-là est mort.

STEVEN.

J'ai même été chargé de l'enterrer... Mais si le bourreau s'était trompé, si, au lieu d'un cadavre, il ne m'avait remis qu'un mourant ?...

GENEVIÈVE.

Ciel!

STEVEN.

Fallait-il l'enterrer vivant encore?...

GENEVIÈVE.

Oh! non, il fallait le sauver, dans l'espoir que le remords lui arracherait l'aveu qu'il avait refusé à la torture.

STEVEN.

Eh bien! madame, voilà ce que j'ai fait.

GENEVIÈVE.

Toi?

STEVEN.

Oui, moi, ou plutôt saint Bonaventure; car c'est mon digne patron qui m'a soufflé cette bonne pensée... Pendant que le soldat chargé avec moi de l'inhumation du comte creusait la fosse, je sentis battre le cœur de votre ennemi... aussitôt je renvoyai mon camarade, qui tombait de fatigue et de sommeil, je remplis de pierres la fosse qu'il avait ouverte, puis je portai le comte, toujours évanoui, jusqu'à la cabane de ma grand'mère, dame Mathurine, brave femme, très-discrète et parfaitement sourde.. elle m'aida à panser les plaies du comte, il revint à lui; mais il était d'une faiblesse qui me faisait peur. Mon service au château ne m'a pas permis de le voir depuis huit jours; à ma dernière visite, il était déjà beaucoup mieux, et me demanda de lui apporter ce qu'il fallait pour écrire. J'allais à la cabane de la mère Mathurine, quand une pauvre biche effrayée me découvrit votre retraite... Espérez, madame, car ce n'est pas sans intention que la Providence a pris soin de la victime et du bourreau; ce n'est pas sans intention qu'elle a donné des idées à celui qui n'en avait guère, et du courage à celui qui n'en avait pas.

GENEVIÈVE.

Quel est ton projet?

STEVEN.

De vous faire autant de bien que je vous ai fait de mal.

GENEVIÈVE.

Dis-moi maintenant ce que fait le duc mon époux... le bruit de ma mort est-il arrivé jusqu'à lui?

STEVEN.

Non, madame, on n'a pas encore trouvé votre robe et votre voile; on serait venu les apporter à M. le duc, et je crois que monseigneur en serait mort de chagrin.

GENEVIÈVE.

Que dis-tu?

STEVEN.

Oh! il est bien triste; et maître Vander et Mlle Marguerite... oh! comme ils seront heureux quand ils sauront...!

GENEVIÈVE.

Je te défends de leur parler de moi... Geneviève est morte, entends-tu bien? morte pour tous, jusqu'à ce que son innocence soit reconnue par tous.

STEVEN.

Mais en attendant, vous ne pouvez pas rester dans cette grotte.

GENEVIÈVE.

J'y resterai, car cette retraite est sûre; tu viendras, si tu veux, m'y apporter des provisions.

STEVEN.

D'abord, je vais vous laisser celles-ci, je ne garde que ce parchemin, cette plume et ce cornet.

Il porte le panier dans la grotte. Bruit de cor.

GENEVIÈVE.

Qu'est-ce que c'est que cela?

STEVEN.

Sans doute la chasse de monseigneur.

GENEVIÈVE.

Comment, le duc... Henri... !

STEVEN.

Parcourt cette forêt.

GENEVIÈVE.

Steven, ne vois-tu pas quelqu'un de ce côté?...

STEVEN.

Oui, c'est un homme qui vient à nous.

GENEVIÈVE, *reculant avec effroi.*

Ah!...

STEVEN.

Qu'est-ce qu'il y a, madame?

GENEVIÈVE.

C'est lui! c'est mon bourreau... c'est le comte Arthur.

STEVEN.

Ce n'est pas possible, je l'ai laissé tout éclopé encore, il y a huit jours.

GENEVIÈVE.

Regarde, regarde!

STEVEN.

C'est lui... c'est bien lui... sauvez-vous, madame... là... (*montrant la grotte*) vous serez en sûreté... Oh!... ne craignez rien, saint Bonaventure est un grand faiseur de miracles. Je vous ai dit déjà qu'il m'avait donné du courage.

Il entraîne Geneviève jusqu'à la grotte. Elle disparaît.

SCÈNE V.

STEVEN, *regardant venir le comte.*

Ah çà, mais le miracle marche trop vite; moi qui voulais me concerter avec maître Vander... impossible... je ne peux même pas aller chercher du monde, car ce satané comte pourrait m'échapper... Allons... allons... je terminerai l'affaire à moi seul... Après tout, monsieur le comte, vous ne serez pas plus lourd ni plus dur à remuer que les pierres que je taillais encore le mois dernier.

SCÈNE VI.

LE COMTE, STEVEN.

LE COMTE.

Voici la clairière que j'ai indiquée à Robert, mon écuyer, et la chapelle de Notre-Dame-des-Sept-Douleurs doit se trouver. (*Il aperçoit Steven.*) Ah!... c'est toi?

STEVEN.

Si vous ne vous attendiez pas à me trouver sur votre route, monsieur le comte, je ne comptais guère vous rencontrer sur la mienne... Comment! déjà rétabli!

LE COMTE.

Complètement, mon ami, grâce aux bons soins de votre vieille mère.

STEVEN.

A la bonne heure; mais vous êtes bien imprudent de vous promener comme ça dans les environs du château.

LE COMTE.

Peut-être; j'avais besoin de cet exercice pour rappeler mes forces; je les sens revenues: c'est te dire, mon brave garçon, que je n'ai plus besoin de tes services, ni même de ta protection; je me tirerai maintenant de tout ceci seul et comme je le pourrai. En conséquence, nous pouvons nous dire adieu et continuer chacun notre chemin.

STEVEN, *l'arrêtant.*

Oh! un moment, monseigneur; nous ne nous séparerons pas comme cela.

LE COMTE.

Je comprends: tu as peur que ton obligé t'échappe, et tu ne veux pas avoir fait une bonne action pour rien... C'est juste: les bourreaux du duc m'ont pris tout l'or que j'avais sur moi; il faudra te contenter de ma signature... Voyons, je t'avais recommandé, l'autre jour, de m'apporter ce qu'il fallait pour écrire, y as-tu songé?

STEVEN.

J'ai là une plume, du parchemin et de l'encre.

LE COMTE.

A merveille, donne... et maintenant, mets au service que tu m'as rendu tel prix que tu voudras, je jure de te l'accorder. Allons, dicte; mais hâte-toi.

STEVEN.

J'allais justement vous prier de me faire une petite reconnaissance.

LE COMTE.

Voyons, finissons-en.

STEVEN.

Je ne demande pas mieux... écrivez donc, monseigneur: « Je reconnais que je suis un grand scélérat. »

LE COMTE.

Hein?

STEVEN.

« Je reconnais que j'ai menti comme un païen. »

LE COMTE

Misérable!

STEVEN, *continuant.*

« Enfin, je reconnais et je déclare que dame Geneviève est innocente... » Allons, allons, il faut écrire et signer ça, monseigneur.

LE COMTE.

Arrière, manant!

Il veut sortir*.

STEVEN, *tirant son épée et lui barrant le passage.*

J'en suis fâché, monseigneur; mais tu signeras...

LE COMTE.

Jamais!

STEVEN.

Alors, je vais te remettre dans l'état où je t'ai pris, et nous serons quittes.

LE COMTE.

Malheureux, oseras-tu me frapper, moi qui suis sans armes?

STEVEN.

Oh! je ne suis pas chevalier, et je vous tuerai sans plus de façons qu'on loup enragé... Monseigneur... comte... tu ne veux pas écrire... eh bien! recommande ton âme au diable, car certes Dieu n'en voudrait pas.

Le comte, à demi renversé par Steven, va recevoir le coup d'épée que celui-ci lui destine, quand tout-à-coup paraissent Robert et quelques hommes d'armes du Hainaut, qui viennent de la gauche.

SCÈNE VII.

LES MÊMES, ROBERT, HOMMES D'ARMES.

ROBERT**

C'est lui!... c'est notre maître.

Il s'élance et arrête à son tour Steven, auquel on arrache son épée.

LE COMTE.

Sois le bien venu, mon bon Robert; vive Dieu, il était temps!

STEVEN.

D'où viennent ceux-là?

LE COMTE.

Ah! ah! noble et courageux défenseur de dame Geneviève, à nous deux maintenant.

STEVEN.

Ah! saint Bonaventure, si tu me tires de là, tu seras le plus grand saint de la légende.

* Steven, le Comte.

** Steven, le Comte, Robert.

ROBERT.

Nous allons pendre ce manant qui a osé porter la main sur vous, monseigneur !

STEVEN.

Pendu! par exemple... noyez-moi plutôt, j'aime mieux ça. (*A part.*) Je nage comme un poisson.

LE COMTE.

Sans ce garçon, je serais maintenant à six pieds sous terre. Je lui fais grâce, pour qu'il juge lui-même de l'étendue du service qu'il m'a rendu, pour qu'il me voie revenir en vainqueur et en maître dans ce duché de Brabant, où l'on avait creusé ma tombe. Mais, pour qu'il ne puisse annoncer trop tôt ma résurrection et ma délivrance, attachez-le à cet arbre. (*On attache Steven à un arbre au fond.*) Maintenant, mon brave Robert, rends-moi compte de ce que tu as fait.

ROBERT.

J'avais appris votre captivité et votre supplice... Je m'apprêtais à me joindre aux barons et chevaliers du Hainault et de l'Artois, qui avaient pris les armes pour vous venger, lorsque votre message m'arriva... Je ne pouvais croire au témoignage de mes yeux... Sauvé! vivant encore!... Je transmis votre lettre au baron de Maubeuge, qui, à votre défaut, devait porter votre bannière; puis, réunissant les plus déterminés de vos hommes d'armes, je partis pour me trouver au rendez-vous que vous me donniez. J'ai laissé mon monde à la lisière du bois; le baron de Maubeuge est en marche; déjà les villes d'Ypres et de Courtrai lui ont ouvert leurs portes... Paraissez, monseigneur, et votre présence sera le gage assuré de la victoire. Dans deux jours nous serons au pied des remparts de Bruges, et nous n'y laisserons pas pierre sur pierre... Venez, monseigneur; un cheval est là pour vous; dans quelques minutes nous aurons rejoint ceux des nôtres qui vous attendent à la sortie du bois... venez... qui vous arrête?...

LE COMTE.

L'espoir d'une vengeance plus prompte que celle que tu me promets.

ROBERT.

Je ne vous comprends pas.

LE COMTE.

Écoutez tous.

Les hommes d'armes qui étaient au fond entourent le Comte. Steven n'est plus retenu que par ses liens. A ce moment, Geneviève sort de la grotte et approche doucement de Steven.

SCÈNE VIII.

LES MÊMES, GENEVIÈVE.

LE COMTE.

En venant ici, j'ai entendu le son du cor; une troupe de cavaliers a passé près de moi, et parmi ces chasseurs j'ai reconnu mon ennemi, le duc de Brabant; il était peu accompagné, sans armes et sans défiance. Robert, avec quelques-uns de tes hommes, ne pourrais-tu te rapprocher prudemment de la chasse, épier le moment où le duc serait séparé des siens?

ROBERT.

Sans doute.

LE COMTE.

Alors...

ROBERT.

Je le tuerais?

LE COMTE.

Non, il me le faut vivant; il faut que je lui rende avec usure ses outrages et ses supplices.

GENEVIÈVE, *qui a délié la corde qui retenait Steven.*

Tu les entends?

STEVEN.

Très-bien, et si je pouvais...

GENEVIÈVE.

Tu es libre, sauve le duc de Brabant!

Elle se sauve vers la grotte, tandis que Steven se glisse dans le chemin creux.

ROBERT.

Je vous promets qu'à moins que le ciel le protége, vous aurez ce soir votre ennemi, pieds et poings liés, sous votre tente; mais à quel signe reconnaîtrai-je le duc de Brabant? je ne l'ai jamais vu.

LE COMTE.

A une large chaîne d'or qu'il porte sur la poitrine.

ROBERT.

C'est bien.

LE COMTE.

Séparons-nous.

ROBERT.

Ah! monseigneur!...

LE COMTE.

Qu'avez-vous?

ROBERT.

Cet homme... ce soldat a brisé les liens qui le retenaient, il nous échappe!

LE COMTE.

Il nous a entendus, peut-être: hâtez-vous d'agir avant qu'il ait prévenu l'escorte du duc.

ROBERT.

Je vais vous conduire jusqu'à la lisière du bois, puis je viendrai rejoindre ces hommes, et avec eux je me mettrai à la poursuite de votre ennemi.

LE COMTE.

Robert, je te ferai noble et chevalier si tu m'amènes vivant encore le duc de Brabant.

Ils se séparent et disparaissent.

SCÈNE IX.

GENEVIÈVE, *sort de la grotte et suit des yeux Robert et les hommes d'armes.*

Ils se glissent dans la forêt, ils vont accomplir leur affreux projet...

Steven arrivera-t-il avant eux?... O mon Dieu! laissez-moi la honte qui pèse injustement sur moi, laissez-moi ma misère, détournez de moi vos regards, mais sauvez, sauvez mon mari.

Elle tombe à genoux devant l'image de la Vierge et reste ainsi en prière.

SCÈNE X.

GENEVIÈVE, LE DUC.

A ce moment un homme paraît en haut des rochers; il est pâle, dans le plus grand désordre, et semble avoir à peine la force de se soutenir; une de ses mains presse convulsivement sa poitrine; il va tomber sur une pierre à peu de distance de Geneviève.

LE DUC, *après un moment de silence, tire de son sein un voile, le regarde et dit en sanglotant :*

Morte!... elle est morte! je le savais bien, moi.

GENEVIÈVE, *se relevant.*

Ah! je ne suis plus seule... Ciel! c'est lui!... lui! (*Courant au duc.*) Notre-Dame a entendu ma voix... Monseigneur, pardonnez-moi de vivre encore, après avoir été déshonorée par un arrêt infamant; oubliez un moment votre haine, votre mépris pour Geneviève, et laissez-la vous sauver.

LE DUC, *à lui-même.*

Cette femme n'a-t-elle pas nommé Geneviève?

GENEVIÈVE.

Eh quoi! pas de colère, point de malédiction?... Oh! monseigneur, savez-vous donc enfin la vérité?... Monseigneur... (*Elle s'arrête et regarde avec effroi le duc, qui est froid et immobile.*) Mon Dieu, quel égarement dans ses yeux!... il n'y a dans son regard ni pitié ni colère; ce regard s'arrête à peine sur moi... Henri! Henri! ne me reconnaissez-vous plus?... c'est moi... moi, Geneviève!

LE DUC.

Tu es bien cruelle, toi, de me parler de Geneviève... viens-tu m'appeler meurtrier, bourreau?... sais-tu déjà qu'elle est morte?

GENEVIÈVE.

Morte, Geneviève!

LE DUC.

Oui, morte!... le démon qui tourmentait mes nuits me l'avait annoncé dans mes rêves... je doutais encore, tout-à-l'heure il m'a pris par la main, il m'a séparé de mes amis, et m'a conduit au bord du grand précipice.

GENEVIÈVE.

Ah! le malheureux!

LE DUC.

Là il m'a montré en souriant les lambeaux d'une robe, et ce voile... ce voile que j'ai là, et qui me brûle le cœur... puis il m'a montré au fond de l'abîme le cadavre de Geneviève!

GENEVIÈVE.

Quel affreux délire!

LE DUC.

Tu as raison, femme, je suis son meurtrier, je suis son bourreau.

GENEVIÈVE.

Oh! ce malheur me manquait!.... Henri!.... reviens à toi..... Geneviève respire encore; elle vit pour t'aimer, pour te défendre.... Rappelle ta raison.... Geneviève est près de toi, elle te presse sur son cœur, elle couvre de ses baisers cette main qui l'a chassée... Henri!... Il ne m'entend pas. Mon Dieu, mon Dieu, dût-il en me reconnaissant me maudire, me chasser, ah! rendez-lui sa raison! Henri, tu me tueras après, si Dieu le veut, mais reconnais-moi, Henri, reconnais-moi!

LE DUC.

Je vais te conduire au bord du précipice, tu la verras, viens!

GENEVIÈVE.

Arrêtez, monseigneur, il y a là des assassins qui vous cherchent et vous attendent.

LE DUC.

Oh! n'essaie pas de me retenir... Tiens, le démon des nuits a saisi ma main comme tout-à-l'heure, il m'entraîne.

GENEVIÈVE, *passant devant lui.*

Ah! tu n'iras pas, ou tu me fouleras à tes pieds.

LE DUC, *s'arrêtant.*

C'est sa voix... oui, c'est la voix de Geneviève, elle aussi m'appelle.

GENEVIÈVE, *saisissant sa main.*

Oui, oui, elle t'appelle, mais de ce côté, entends-tu bien?... de ce côté, car Geneviève est au château.

LE DUC.

Au château... on l'y a donc transportée?

GENEVIÈVE.

Oui.

LE DUC.

Car elle est morte, je l'ai tuée!

GENEVIÈVE.

Eh bien, ne voulez-vous pas la voir une dernière fois avant que le tombeau se referme sur elle?

LE DUC.

Oui, hâtons-nous, car ils m'enlèveraient cette dernière consolation; mais je ne sais plus qu'un seul chemin, celui qui mène au précipice... femme, conduis-moi au château, si tu veux que j'y arrive.

Il tombe sur une roche.

GENEVIÈVE.

Moi, mon Dieu, ils me chasseront encore une fois... oh! n'importe, j'irai, je le sauverai... Venez, venez.

SCÈNE XI.

LES MÊMES, ROBERT, HOMMES D'ARMES.

ROBERT.

Femme!

GENEVIÈVE.

Ah! il est perdu!

Elle se jette devant le duc, qui est assis sur la pierre.

ROBERT.

Ne pourrais-tu nous dire si le duc de Brabant a traversé cette avenue? D'abord le connais-tu, le duc de Brabant?

GENEVIÈVE.

Moi... non, seigneur.

ROBERT.

Il porte au cou une large chaîne d'or qui le distingue des hommes de sa suite.

GENEVIÈVE, *apercevant la chaîne que porte le duc, à part.*

Ciel! (*Haut.*) Seigneur, je n'ai rien vu; et pourtant je suis ici depuis près d'une heure; le duc sera peut-être rentré.

Tout en parlant elle détache la chaîne du duc, qui n'a pas encore été [illegible] par Robert.

ROBERT.

Nous sommes sûrs qu'il est encore dans la forêt.

GENEVIÈVE.

Et vous êtes sûrs aussi qu'il porte une chaîne d'or?

ROBERT.

C'est à ce signe que je dois le reconnaître.

GENEVIÈVE, *qui cache la chaîne dans sa poche.*

Eh bien, cherchez, seigneur cavalier; je n'ai rien vu, (*un homme d'armes montre le duc à Robert.*) que ce pauvre insensé que je garde.

ROBERT.

Quel est cet homme?

GENEVIÈVE, *l'éloignant du duc.*

Un malheureux dont la raison s'est perdue, et qui ne saurait trouver sa route si je n'étais avec lui pour le conduire.

UN HOMME D'ARMES.

Laissons là cette femme et ce fou, maître Robert, et rejoignons nos camarades.

ROBERT.

Un moment, il faut que je parle à cet homme, il faut que je m'assure...

GENEVIÈVE.

Oh! messeigneurs, prenez garde.

UN HOMME D'ARMES.

Que crains-tu? nous ne te le prendrons pas ton fou!

ROBERT, *au duc.*

Qui es-tu? parle; ton nom, dis-nous ton nom?

LE DUC.

Mon nom... on l'a déshonoré, je ne le sais plus.

GENEVIÈVE, *à part.*

Je respire! (*Haut.*) Eh bien, doutez-vous encore?

1. HOMME D'ARMES.

La tête n'y est plus.

GENEVIÈVE.

Vous me laisserez emmener ce malheureux ?

ROBERT.

Ce n'est pas lui que nous cherchons.

L'HOMME D'ARMES.

On vient à nous !

ROBERT, *regardant.*

Ce sont les hommes d'armes du duc.

GENEVIÈVE.

Enfin !

L'HOMME D'ARMES.

Fuyons.

ROBERT, *regardant de l'autre côté.*

C'est impossible... nous sommes cernés de toutes parts... Faisons bonne contenance, et nous sommes sauvés !

Geneviève se retire dans la grotte.

SCÈNE XII.

ROBERT, HOMMES D'ARMES DU HAINAULT, VANDER, STEVEN, LE DUC, CHEVALIERS BRABANÇONS, MARGUERITE.

STEVEN.

Les voilà ! les voilà ceux qui en veulent aux jours de monseigneur !

VANDER, *à ses hommes d'armes.*

Emparez-vous de ces assassins !

ROBERT.

Arrêtez, chevalier... nous ne sommes pas des assassins... nous venons accomplir ici une loyale mission.

VANDER.

Une mission ?

ROBERT.

A vous tous, barons et chevaliers de Brabant, nous apportons le défi d'Arthur, comte de Hainault.

Mouvement de surprise.

TOUS, *excepté Steven.*

Le comte !

LE DUC, *relevant la tête.*

Arthur !...

ROBERT.

D'Arthur, comte de Hainault, sauvé par un miracle.

STEVEN, *à part, près de la grotte.*

De ma façon, et qui a bien mal tourné !

ROBERT.

Mon maître existe encore.

LE DUC, *à part.*

Il existe !

ROBERT.

Et non seulement les chevaliers du Hainault et de l'Artois ont ressaisi leurs armes, mais encore les puissantes villes d'Ypres et de Courtrai envoient à leur aide les nombreux bataillons de leurs arbalétriers.

VANDER.

Eh quoi! les vassaux du duc Henri oseraient lever contre lui l'étendard de la révolte?..

ROBERT.

Les bourgeois d'Ypres et de Courtrai ne sont pas les vassaux du duc Henri : ces deux villes lui furent apportées en dot par la noble dame Genevieve de Brabant, et ils unissent leurs armes à celles de mon maître pour venger la mort de leur légitime souveraine. Barons et chevaliers, le comte de Hainault m'a chargé de vous jeter à tous ce gantelet; qui de vous le relèvera?

Tous les chevaliers font un mouvement pour ramasser le gantelet; mais le duc, dont la raison s'est réveillée, s'élance le premier.

LE DUC, *avec force.*

Moi!

TOUS.

Le duc!

ROBERT, *à part.*

C'était lui!

LE DUC.

Oui, moi, Henri, duc de Brabant. La rage m'a rendu la raison, que le désespoir m'avait fait perdre.. Envoyé d'un infâme, retire-toi... dis à ton maître que c'est moi, son implacable ennemi, qui ai ramassé son gantelet; va lui dire que, s'il n'est pas aussi lâche que félon, il viendra me le redemander sur notre premier champ de bataille!

Robert sort avec ses soldats.

SCÈNE XIII.

LES MÊMES, *excepté* ROBERT.

LE DUC.

Arthur vivant encore?... non, ce n'est point un rêve!... un accès de délire!... vous l'avez tous entendu comme moi, n'est-ce pas? Il existe. C'est donc pour cela, mon Dieu, que vous m'avez laissé vivre! c'est donc pour cela que vous avez dissipé encore une fois ce nuage de feu qui troublait ma raison... Oui... oui, mes amis... je vous reconnais tous... Faites sonner la trompette de mes hérauts; qu'ils appellent aux armes tous ceux des miens qui pourront porter une lance ou une épée; un seul cri maintenant doit retentir dans mes domaines : Aux armes!

TOUS.

Aux armes!

LE DUC.

A défaut de l'épée que ce matin je n'avais plus la force de porter, soldat, donne-moi ta masse d'armes. Vous le voyez, amis, mon bras a retrouvé sa vigueur, mon ame son énergie... Arthur existe : Henri ne peut pas mourir... au combat!

TOUS.

Au combat!

LE DUC.

Nous nous mettrons en marche cette nuit même.

GENEVIÈVE, *paraissant à la porte de la grotte.*

Cette nuit!

LE DUC.

Pour vaincre encore une fois mon ennemi, j'aurai Quiévrain, Oudenarde, Vander, Jacob.

GENEVIÈVE, *à part*

Et moi! (*A Steven.*) Viens, Steven, viens.

Elle l'entraîne dans la grotte.

LE DUC, *agitant sa masse.*

Vous tous, mes braves; aux armes!

TOUS.

Aux armes!

Le duc et les hommes d'armes se préparent à sortir. Le rideau tombe.

ACTE QUATRIÈME.

Le théâtre représente la salle du trône dans l'Hôtel-de-Ville de Bruges ; le tout est masqué par des rideaux qui forment une pièce en avant, où se passent les scènes qui précèdent celle qui fait le dénoûment ; au lever du rideau, on entend dans la ville le son du beffroi, des cris, le choc des armures, des épées, etc., etc.

SCÈNE PREMIÈRE.

MARGUERITE, *à la fenêtre à gauche.*

Quel bruit ! quel tumulte !... Mon Dieu, mon Dieu ! vous qui m'avez enlevé et Mme Geneviève et mon Edgar, mon Dieu ! sauvez mon père. (*Bruit sourd au dehors.*) Pourquoi ces rassemblemens ? ce sont des blessés qui reviennent de la brèche. (*Criant.*) On combat toujours, n'est-ce pas ? l'ennemi n'a pas pénétré dans la ville ? Mon père, mon père ! qui me donnera des nouvelles de mon père ?... Ils passent sans me répondre .. Toujours, toujours ce beffroi qui résonne dans ma poitrine et qui me glace... ah ! c'est trop long-temps souffrir !... La mort est sur les remparts ; c'est là qu'est mon père... c'est là qu'est ma place.

Au moment où Marguerite va s'élancer au dehors, on amène un chevalier blessé, c'est Vander.

SCÈNE II.

MARGUERITE, VANDER ; *puis* LE DUC.

MARGUERITE.

Mon père ! blessé ! blessé !

VANDER, *assis.*

Rassure-toi, mon enfant, le coup que j'ai reçu c'est pas mortel ; mais à mon âge on perd vite ses forces... (*Aux guerriers qui l'ont amené.*) Enfans, retournez au combat, faites un rempart de vos corps à notre intrépide souverain ; plus heureux que moi, vous aurez l'honneur de vaincre ou de mourir avec lui.

Les hommes d'armes sortent à droite.

MARGUERITE.

Mon père, vous ne me trompez pas ? votre blessure...

VANDER.

Ne me tuera pas assez vite, car je ne veux pas survivre à mon maître.

MARGUERITE.

Il est mort?

VANDER.

Non; mais comme la victoire est impossible, il va se creuser un tombeau au milieu des rangs ennemis... il a voulu qu'on me transportât ici, et il m'a ordonné de vivre pour le venger... comme si le vieux Vander pouvait quelque chose à présent!

Elle le fait asseoir.

MARGUERITE.

Mais n'est-il donc plus d'espoir?

VANDER.

Il n'en est plus... Depuis le commencement de cette funeste campagne la trahison a partout servi notre implacable ennemi... jusqu'à ce misérable Steven qui n'a pas reparu dans nos rangs... Après plusieurs rencontres, le duc de Brabant s'est vu réduit à se renfermer dans sa bonne ville de Bruges; mais le nombre encore une fois l'emportera sur le courage... quoique l'armée du comte de Hainault soit forte et puissante, quoique la garnison de Bruges suffit à peine à la défense des remparts, le duc avait ordonné une sortie... Suivi de ses chevaliers, il s'est élancé comme un lion dans les retranchemens, en défiant le comte de Hainault... Le combat était horrible, la rage semblait avoir décuplé nos forces; les hommes du Hainault fuyaient déjà, lorsqu'à l'horizon on vit se déployer les bannières d'Ypres et de Courtrai; c'était un renfort considérable pour nos ennemis, déjà si supérieurs en nombre... A cette vue, le découragement se glissa parmi les nôtres... le duc voulait mourir sur le terrain qu'il avait conquis; mais ses officiers l'entraînèrent jusqu'aux remparts; c'est dans ce mouvement de retraite qu'un coup de lance me renversa: c'est alors que j'ai quitté le duc, qui donnait ses ordres pour repousser l'assaut que le comte de Hainault va sans doute donner à la ville, et qui certes sera le dernier.

Ici le bruit au dehors redouble; ce sont des cris d'effroi, des cliquetis d'armes; le son du beffroi est plus fort.

MARGUERITE.

Oh! mon Dieu! mon père, le bruit du combat se rapproche... l'ennemi est dans la ville!...

VANDER.

Ah! monseigneur est mort!...

Le duc de Brabant, sans casque, ayant son armure brisée et souillée de sang et de poussière, paraît seul et n'ayant à la main qu'un tronçon d'épée.

LE DUC.

Non, je n'ai pas pu mourir, Vander; les cruels! ils veulent, avec la vie, me laisser la honte de la défaite... tue-moi, tue-moi donc, toi qui n'as pas brisé ton épée... ne me laisse pas tomber vivant au pouvoir de mon ennemi.

Il tombe anéanti sur un fauteuil.

SCÈNE III.

LE DUC, VANDER, LE COMTE, HOMMES D'ARMES DU COMTE, *ensuite* ROBERT.

UN HOMME D'ARMES, *entrant et menaçant le duc.*

Le voilà! le voilà!

LE COMTE, *entrant vivement.*

La vie sauve au duc de Brabant, car tout n'est pas encore fini entre nous deux.

ROBERT, *entrant, au comte.*

Monseigneur, la bannière du Hainault flotte sur les remparts de Bruges, et les chevaliers qui les défendaient ont tous déposé les armes.

LE DUC, *à part.*

Et je n'ai pas pu mourir!

ROBERT.

Les habitans, ayant fait leur soumission, implorent votre miséricorde.

LE COMTE.

Je leur fais grâce; mais tout-à-l'heure, devant les barons et les chevaliers du Hainault et de l'Artois, assemblés dans la salle du trône, ils me rendront foi et hommage, comme à leur nouveau maître et à leur seul souverain. Allez faire connaître ma volonté, et que tout soit prêt avant une heure pour la cérémonie de mon couronnement. Que tout le monde se retire, je veux être seul avec Henri de Brabant.

Tout le monde sort, excepté le duc et le comte.

SCÈNE IV.

LE DUC, LE COMTE.

Le Duc est toujours assis; le Comte se tient debout devant lui, et le regarde quelques momens en silence.

LE COMTE.

Je te tiens donc en ma puissance, mon noble suzerain; te voilà sous ma main, vivant et vaincu.

LE DUC.

Enorgueillis-toi de ta victoire, elle est digne en effet du comte de Hainault. Désespérant de l'obtenir par l'épée ou la lance, il l'a demandée à la trahison.

LE COMTE.

Tout-à-l'heure tu pourras voir de cette croisée le bourreau briser tes écussons et livrer aux flammes les lambeaux de ta bannière.

LE DUC.

Lâche!

LE COMTE.

Henri, j'ai mérité ta haine, mais non pas ton mépris... le comte de

Hainault fut de tout temps pour toi cruel, impitoyable; mais le comte de Hainault n'est pas un lâche, entends-tu bien, meurtrier de Geneviève?

LE DUC.

Geneviève! misérable, quel nom oses-tu prononcer?

LE COMTE.

Il ne fut pas lâche celui qui, pour se venger de l'homme qu'il détestait et pour mieux lui déchirer le cœur, s'introduisit, seul et sans armes, dans le château de son ennemi; celui qui se livra de lui-même, comme un amant heureux... celui-là enfin n'était point un lâche qui répondit, au milieu des angoisses de la torture : Geneviève est coupable! S'il eût voulu dire la vérité, il était sauvé; le mensonge, c'était la mort, et le comte de Hainault soutint le mensonge.

LE DUC.

Que dis-tu?

LE COMTE.

Ah! c'est de cette heure seulement que date ma vengeance. Duc de Brabant, maudis-moi, blasphème, et meurs de rage : ta femme était innocente.

LE DUC.

Innocente!... innocente!...

LE COMTE.

Oui... je te le jure à présent, et j'ai guidé ta main qui signa l'arrêt de Geneviève... je me suis servi de mon ennemi lui-même pour me venger de lui et de celle qui m'avait si long-temps dédaigné, et j'ai fait cela au prix de mes membres broyés, de mes chairs ensanglantées que déchiraient tes bourreaux. Maintenant, cherche une autre injure à me jeter au visage, car, tu le vois, Henri, je ne suis point un lâche!

LE DUC.

Infâme!... infâme!... Geneviève innocente... et je l'ai condamnée!... et je suis son assassin!... O mon Dieu!... mon Dieu!

LE COMTE.

Tu pleures, duc de Brabant; il ne manque donc plus rien à mon triomphe... tu n'as fait couler que mon sang; moi je t'ai vu répandre des larmes!

Bruit de trompettes.

LE DUC, *se levant et passant à droite.*

Ah! ce sont des vengeurs peut-être.

LE COMTE.

Regarde : ces bannières sont celles des hommes d'Ypres et de Courtrai, ils entrent dans la ville, et ceux-là sont tes plus implacables ennemis; ceux-là vont tout-à-l'heure arracher de ton front ta couronne ducale pour la poser sur ma tête.

SCÈNE V.

LE COMTE, ROBERT, LE DUC.

ROBERT, *au comte.*

Seigneur, les barons et chevaliers d'Ypres et de Courtrai, après avoir fait placer leurs troupes aux environs du palais, ont demandé à prendre place dans la salle du trône ; les portes de cette salle ont été ouvertes à vos alliés ; quelques-uns d'entre eux sont là.

LE COMTE.

Qu'ils viennent.

Robert va et les introduit.

SCÈNE VI.

LE COMTE, JACOB, LE DUC, ROBERT, DEUX CHEVALIERS DE COURTRAI, *qui restent près de la porte d'entrée.*

LE COMTE, *à Jacob.*

Approchez... (*Jacob s'avance et se place entre le comte et le duc.*) Avant de mettre la main sur la couronne ducale, qui est à moi par droit de conquête, je veux qu'un arrêt infamant en dépouille l'assassin de Geneviève.

JACOB.

L'heure de la justice est venue, seigneur comte : c'est pour punir l'ennemi de Mme Geneviève que nous avons pris les armes et que nous sommes ici.

LE PEUPLE, *derrière le rideau.*

Noël ! Noël !

LE COMTE.

Pourquoi ces cris ?

LE PEUPLE, *derrière le rideau.*

Noël ! Noël !

LE COMTE.

Pourquoi ces acclamations ?

JACOB.

Ils signalent l'arrivée, dans la salle du trône, du juge suprême devant lequel, vous et monseigneur le duc, vous allez comparaître.

LE DUC.

Mais ce juge, quel est-il donc ?

LE COMTE.

Oui, quel est-il ?

JACOB, *écartant les rideaux.*

Regardez.

A ce moment, les rideaux s'enlèvent et laissent voir la salle du trône occupée par des hommes d'armes d'Ypres et de Courtrai ; sur le trône est assise Geneviève ; derrière elle est Marguerite, et des dames d'honneur sont à ses côtés, des pages sont sur les degrés ; les chevaliers de Brabant, d'Ypres et de Courtrai sont au pied du trône, l'épée à la main ; au milieu d'eux est Vander ; Robert désarmé est sur la gauche du théâtre gardé par deux soldats ; Steven est auprès de lui et le surveille. Au moment du changement tous crient : *Noël ! Noël !*

LE COMTE et LE DUC, *ensemble*

Geneviève !

LE DUC, *avec joie.*

Elle existe !

LE COMTE, *avec terreur.*

Elle existe !

GENEVIÈVE, *se levant et avec force.*

Oui, Geneviève existe, et si Dieu l'a laissée vivre, c'est pour qu'elle pût démasquer un fourbe et punir un infâme.

LE COMTE, *avec fureur.*

A moi ! à moi ! gardes !... (*Courant aux chevaliers de Courtrai.*) Traîtres, vous êtes tous mes prisonniers.

VANDER, *le saisissant.*

Non, monseigneur, c'est vous qui êtes le nôtre.

Jacob le saisit de son côté ; on l'entoure.

LE COMTE.

Moi ?

STEVEN.

Tenez-le bien.

GENEVIÈVE.

Oui, traître, tu es en mon pouvoir ; car les hommes d'armes d'Ypres et de Courtrai n'obéissent qu'à Geneviève de Brabant, et les hommes d'armes d'Ypres et de Courtrai, éclairés et détrompés par elle, occupent toutes les issues... Comte de Hainault ! tu seras jugé par ceux-là même que tu avais assemblés, et ta sentence sera prononcée par le duc de Brabant, ton seigneur suzerain... Arrière, vassal... (*Descendant du trône et allant au duc.*) Seigneur, reprenez votre place, reprenez votre couronne.

Le Duc lui baise la main, s'avance près du trône ; deux pages le revêtent du manteau ducal ; ensuite il monte les degrés, et, quand il se tourne vers l'assemblée, Vander s'écrie : *Mort au traître !*

TOUS.

Mort au traître !

LE COMTE.

Point de débats inutiles... Duc, ce ne sont point des juges que je te demande, c'est un bourreau.

LE DUC.

Tu as deux heures pour recommander ton âme à Dieu.

STEVEN, *à part.*

Ou plutôt au diable !

On va entraîner le comte.

LE DUC.

Mais auparavant tu verras le triomphe de celle que tu voulais perdre... Approchez, Geneviève... (*Geneviève, qui est restée au bas du trône, en monte les degrés et se place devant le duc.*) Si je reprends cette couronne que vous seule m'avez rendue, c'est pour la poser sur la tête de la plus noble et de la plus vertueuse des femmes.

Il prend la couronne des mains du page qui la tenait et la pose sur la tête de Geneviève, qui s'est agenouillée devant lui : le duc la relève ensuite et elle se place à côté de lui.

STEVEN, *à part.*

C'est pourtant saint Bonaventure qui a fait tout cela !

Acclamations nouvelles : *Noel ! Noel !* Les pages qui s'étaient placés devant le trône pendant le couronnement de Geneviève se mêlent aux cris de joie des chevaliers et de hommes d'armes, qui agitent leurs épées et leurs lances en signe de triomphe. Tableau. Le rideau tombe.

FIN

www.ingramcontent.com/pod-product-compliance
Ingram Content Group UK Ltd.
Pitfield, Milton Keynes, MK11 3LW, UK
UKHW022133260726
13993UKWH00003B/1406